Arbeitszeugnissse

Hesse/Schrader

Arbeitszeugnisse

Professionell erstellen,
interpretieren, verhandeln

Eichborn.

Die Autoren

Jürgen Hesse, Jahrgang 1951, ist Diplompsychologe im *Büro für Berufsstrategie* und Geschäftsführer der Telefonseelsorge Berlin.
Hans Christian Schrader, Jahrgang 1952, ist Diplompsychologe am Klinikum Am Urban in Berlin.

Anschrift der Autoren
Büro für Berufsstrategie
Hesse/Schrader
Oranienburger Straße 4-5
10178 Berlin
Tel. 030 / 28 88 57 – 0
Fax 030 / 28 88 57 – 36
www.berufsstrategie.de

2 3 03 02

Umschlaggestaltung: Christina Hucke
Lektorat: Stefan Reiß
Gesamtproduktion: Fuldaer Verlagsagentur, Fulda
ISBN 3-8218-3826-4

Verlagsverzeichnis schickt gern:
Eichborn Verlag, Kaiserstraße 66, D-60329 Frankfurt/Main
www.eichborn.de

Inhalt

Fast Reader

Orientierung für eilige Leserinnen und Leser*

Worauf es im Arbeitszeugnis wirklich ankommt, ist den meisten Arbeitnehmern, aber auch vielen Arbeitgebern leider so gut wie unbekannt. Die Frage, was denn nun eigentlich mit diesem Papier zum Ausdruck gebracht werden soll, stößt auf beiden Seiten auf große Unsicherheit. Sind Arbeitszeugnisse Schicksal oder Chance?

Unser neues Buch hilft, Arbeitszeugnisse richtig zu formulieren, ihre Inhalte zu verstehen und sich gegebenenfalls erfolgreich gegen ungerechtfertigte Beurteilungen zur Wehr zu setzen. Es zeigt deren potente Möglichkeiten als wichtige, fördernde Bewerbungsunterlagen.

Die Entschlüsselung der spezifischen Zeugnis-Geheimsprache, die ungeschriebenen Regeln, aber auch die grundlegenden rechtlichen Bestimmungen und Möglichkeiten werden nicht nur als Basiswissen vermittelt, sondern in differenzierter Form anhand von Beispielen bis hin zu konkreten Textbausteinen vorgeführt und somit erstmalig leicht verständlich handhabbar gemacht.

Für alle Betroffenen, von den Zeugniserstellern, über die zu Beurteilenden bis hin zu den nach Deutung suchenden Lesern von Arbeitszeugnissen bietet dieses Buch Orientierungs- und Verständnishilfe. Lesen Sie:

- Worauf es beim Arbeitszeugnis wirklich ankommt (S. 31 ff.)
- Was auf keinen Fall zu lesen sein darf (S. 49 ff.)
- Alles über Zeugnissprache und Geheimcodes (S. 52 ff.)
- Worauf Personalchefs bei der ersten schnellen Zeugnisanalyse garantiert achten (S. 59 ff.)
- Warum ein Zwischenzeugnis so wichtig ist (S. 63 ff.)
- Von welchem Cheftyp Sie welches Zeugnis zu erwarten haben (S. 68 ff.)
- Wie Sie sich erfolgreich zur Wehr setzen können (S. 77 ff.)
- Und machen Sie einen Arbeitszeugnis-Schnelltest (S. 87 ff.)
- Ein umfangreicher Katalog von Beispielen, Formulierungshilfen und Textbausteinen (S. 124 ff.) hilft Ihnen beim Verstehen und selber Schreiben.

Auf den Punkt gebracht: Lesen Sie, wie Sie Arbeitszeugnisse

- richtig formulieren
- richtig deuten
- richtig kritisieren.

---

* Im Folgenden ist der einfacheren Lesbarkeit halber von *dem* Arbeitnehmer und *dem* Arbeitgeber die Rede. Arbeitnehmerinnen und Arbeitgeberinnen sind hier natürlich gleichermaßen angesprochen.

Zeugnisse beherrschen unser Leben

Menschen richtig und damit auch gerecht zu beurteilen ist eine Kunst. Nicht selten liegen wir mit unseren Einschätzungen und Bewertungen »voll daneben«. Und so warnt uns schon die Bibel: Du sollst nicht falsch Zeugnis reden wider deinen Nächsten.

Zeugnisse begleiten uns von Geburt an. Immer wieder und wieder werden wir von anderen beurteilt. Und oft genug auch noch falsch. So wird schon sofort nach der Geburt eine erste zeugnisartige Dokumentation darüber angelegt, ob wir uns »richtig« entwickelt haben. Geburtsgewicht und -größe sowie einige medizinische Bewertungen bilden den Grundstock eines ersten schriftlichen Zeugnisses über uns, das mit den Ergebnissen weiterer Vorsorgeuntersuchungen im Lauf der Zeit ergänzt wird.

Und dann die Schulzeugnisse. Wer erinnert sich nicht an sein erstes und an das letzte, das dem Schuldrama ein mehr oder weniger rühmliches Ende setzte. Egal ob mittlere oder Hochschulreife, berufliche Ausbildungsgänge setzen den permanenten Beurteilungs- und Benotungsreigen über unsere Person und Fähigkeiten fort. Diese Tradition wird auch in der Berufspraxis beibehalten, und so sind Arbeitszeugnisse die Quittung unseres kurz- oder längerfristigen Engagements bei einem Arbeitgeber.

Die leidigen Arbeitszeugnisse sind ein wichtiger Mosaikstein in einer Kette von Zeugniserfahrungen, die wir mehr oder weniger erdulden und ertragen müssen. Wen wundert es da, dass Arbeitszeugnisse häufig Anlass für Unmut und sogar gerichtliche Auseinandersetzungen sind. Knapp 20.000 Prozesse werden an deutschen Arbeitsgerichten jedes Jahr von Arbeitnehmern geführt. Und diese Zahl steigt stetig. Hinzu kommen noch die zahllosen Zeugnisstreitigkeiten, die im Rahmen eines Kündigungsschutzverfahrens gleich mitverhandelt werden.

Das Thema Zeugnisse ist immer dazu angetan, ein spontanes Unbehagen auszulösen. Es erinnert automatisch an Benotungen im schulischen Bereich, die auf Seiten der Lehrer oft durch Subjektivität und Willkür, nicht selten durch deren persönliche Sympathie oder Antipathie geprägt waren.

Wissenschaftliche Untersuchungen ergaben denn auch, dass ein und derselbe Schulaufsatz – verschiedenen Lehrern zur Beurteilung vorgelegt – das Spektrum der gesamten Schulbenotung von »sehr gut« bis »ungenügend« auszulösen vermochte. Was wir als Schüler schon immer geahnt haben – die Abhängigkeit der Beurteilung unserer Leistungen von ganz anderen als von objektiven Kriterien –, setzt sich im Arbeitsleben und bei den Arbeitszeugnissen fort.

Ein wesentlicher Unterschied und Fortschritt ist jedoch: Gegen Arbeitszeugnisse kann man sich erfolgreich wehren. Oftmals hat man sogar die Möglichkeit, aktiv bei der schriftlichen Formulierung mitzuwirken. Dennoch wissen immer noch viel zu wenige Arbeitnehmer, worauf es bei Arbeitszeugnissen wirklich ankommt, was zwischen den Zeilen steht und was in bestimmten Formulierungen von Arbeitgeberseite raffiniert verschlüsselt mitgeteilt wird.

Und selbst auf Arbeitgeberseite herrscht oft eine ausgeprägte Hilf- und Ratlosigkeit: Wie soll ein Zeugnis für einen Mitarbeiter formuliert und wie soll ein in einer Bewerbungssituation vorgelegtes Arbeitszeugnis interpretiert werden?

Worauf es im Arbeitszeugnis ankommt, ist den meisten Arbeitnehmern, aber auch vielen Arbeitgebern leider so gut wie unbekannt. Die Unsicherheit ist auf beiden Seiten groß.

Dieses Buch hilft,

- Arbeitszeugnisse richtig zu formulieren,
- ihre Inhalte wirklich zu verstehen
- und sich gegebenenfalls erfolgreich gegen ungerechtfertigte Beurteilungen zur Wehr zu setzen.

Machen Sie den Test – 3 Zeugnisse im Vergleich

Machen Sie den Test. Welches dieser drei doch relativ gleichklingenden Zeugnisse ist wirklich exzellent, welches katastrophal und welches geht vielleicht gerade so.

1. Zeugnisentwurf

Hartmann Hausverwaltungsgesellschaft Hannover

Wassertor Damm 116

30122 Hannover

Tel: 0511 - 34 67 11

Herrn
Heinz Gutzeit
Müllerstr. 30

30212 Hannover

Arbeitszeugnis

Herr Heinz Gutzeit, geboren am 31.8.1951 in Berlin, war vom 1.12.1999 bis zum 31.12.2002 als Hausmeister für den gesamten Gebäudekomplex Normannenstr.19 in Falkenhagen zuständig.

Zu seinen Hauptaufgaben gehörten der Schließdienst für alle Haupt- und Nebengebäude, die gärtnerische Betreuung der Außenanlagen, die Durchführung kleinerer Reparaturarbeiten, die Überwachung von Handwerksarbeiten sowie die Kontrolle des externen Reinigungsdienstes.

Ab Juli 2000 übernahm Herr Gutzeit zusätzlich die Pflege des Fuhrparks, der aus drei PKWs und fünf Kleintransportern bestand.

Herr Gutzeit zeigte sich nach kurzer Einarbeitungszeit den Aufgaben voll gewachsen und konnte durch seine gute handwerkliche Befähigung vielfältig eingesetzt werden. Er war überdurchschnittlich einsatzbereit und erledigte die ihm zugeteilten Aufgaben zuverlässig, sorgfältig und verantwortungsbewusst und stets zu unserer Zufriedenheit.

Seine Führung war einwandfrei und gab niemals Anlass zu Beanstandungen. Bei Mietern und Kollegen ebenso wie bei Vorgesetzten war er gleichermaßen beliebt.

Herr Gutzeit verlässt uns auf eigenen Wunsch. Wir wünschen ihm für seinen weiteren Berufs- und Lebensweg alles Gute.

Hannover, 5.1.2003

Hartmann Hausverwaltungsgesellschaft

M. Ebersbächer

M. Ebersbächer

Hartmann Hausverwaltung Deutsche Bank Hannover Konto Nr. 112 342 BLZ 100 400 00

2. Zeugnisentwurf

<u>Hartmann Hausverwaltungsgesellschaft Hannover</u>

Wassertor Damm 116
30122 Hannover
Tel: 0511 – 34 67 11

Arbeitszeugnis

Herr Heinz Gutzeit, geboren am 31.8.1951 in Berlin, wohnhaft Müllerstr. 30 in Hannover, war vom 1.12.1999 bis zum 31.12.2002 für den gesamten Gebäudekomplex Normannenstr.19 in Falkenhausen als alleiniger Hausmeister für uns tätig.

Zu seinen Hauptaufgaben gehörten der Schließdienst für alle Haupt- und Nebengebäude, die gärtnerische Betreuung der Außenanlagen, die Durchführung kleinerer Reparaturarbeiten, die Überwachung von Handwerksarbeiten sowie die Kontrolle des externen Reinigungsdienstes, der einmal wöchentlich erfolgte.

Im Sommer 2000 übernahm Herr Gutzeit zusätzlich die Pflege des Fuhrparks, der aus drei PKWs und fünf Kleintransportern bestand.

Herr Gutzeit zeigte sich bereits nach kurzer Einarbeitungszeit den Aufgaben voll gewachsen und konnte durch seine geschickte handwerkliche Befähigung immer vielfältig eingesetzt werden. Er war überdurchschnittlich einsatzbereit und erledigte die ihm zugeteilten Aufgaben zuverlässig, sorgfältig und verantwortungsbewusst und zu unserer Zufriedenheit.

Das Verhalten von Herrn Gutzeit war jederzeit eigentlich einwandfrei und gab niemals Anlass zu Beanstandungen. Bei Vorgesetzten und Kollegen war er gleichermaßen beliebt und unsere Mieter schätzen seine hilfsbereite und stets freundliche Art.

Zum Jahresende verlässt uns Herr Gutzeit auf eigenen Wunsch. Wir danken Ihm und wünschen Ihm für seinen weiteren Berufs- und Lebensweg alles Gute, viel Glück und Erfolg.

Hannover, 10.12.2002

Hartmann Hausverwaltungsgesellschaft

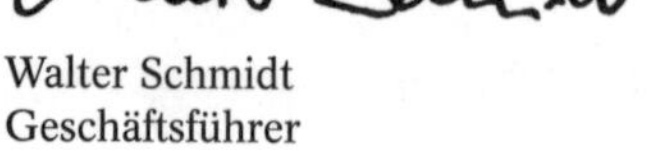

Walter Schmidt
Geschäftsführer

Hartmann Hausverwaltung Deutsche Bank Hannover Konto Nr. 112 342 BLZ 100 400 00

3. Zeugnisentwurf

<u>Hartmann Hausverwaltungsgesellschaft Hannover</u>

Wassertor Damm 116
30122 Hannover
Tel: 0511 – 34 67 11

Arbeitszeugnis

Herr Heinz Gutzeit, geboren am 31.8.1951 in Berlin, war vom 1.12.1999 bis zum 31.12.2002 für den gesamten Gebäudekomplex Falkenhausen, Normannenstr.19 als alleiniger Hausmeister verantwortlich.

Zu seinen Hauptaufgaben gehörten der Schließdienst für alle Haupt- und Nebengebäude, die gärtnerische Betreuung der Außenanlagen, die Durchführung kleinerer Reparaturarbeiten, die Überwachung von Handwerksarbeiten sowie die Kontrolle des externen Reinigungsdienstes, der einmal wöchentlich erfolgte. Im Sommer 2000 übernahm Herr Gutzeit zusätzlich die Pflege des Fuhrparks, der aus drei PKWs und fünf Kleintransportern bestand.

Herr Gutzeit zeigte sich bereits nach kurzer Einarbeitungszeit den Aufgaben voll gewachsen und konnte durch seine geschickte handwerkliche Befähigung immer vielfältig eingesetzt werden.
Er war überdurchschnittlich einsatzbereit und erledigte die ihm zugeteilten Aufgaben zuverlässig, sorgfältig und verantwortungsbewusst und jederzeit zu unserer ganzen Zufriedenheit.

Das Verhalten von Herrn Gutzeit war stets einwandfrei. Von Vorgesetzten und Kollegen wurde er geschätzt und unsere Mieter schätzen seine hilfsbereite und stets freundliche Art.

Herr Gutzeit verlässt uns auf eigenen Wunsch fristgemäß zum Jahresende. Wir bedauern seinen Weggang und danken ihm für die gute Zusammenarbeit. Auf seinem zukünftigen Berufs- und Lebensweg wünschen wir ihm alles Gute, viel Glück und Erfolg.

Hannover, 31.12.2002

Hartmann Hausverwaltungsgesellschaft

Walter Schmidt
Geschäftsführer

Hartmann Hausverwaltung Deutsche Bank Hannover Konto Nr. 112 342 BLZ 100 400 00

Kommentar zum 1. Zeugnisentwurf

Das auf Firmenpapier geschriebene Zeugnis ist adressiert wie ein Brief. Absolut unkorrekt, ein Zeugnis ist ein Dokument, das eigentlich persönlich überreicht werden sollte und nicht wie ein Brief gestaltet sein darf. Die Einleitung ist in Ordnung und auch die folgenden Absätze sind unauffällig. Die Gesamtlänge ist angesichts der dreijährigen Verweildauer angemessen.

Am Ende des 4. Absatzes kommt es zu der zusammenfassenden Zufriedenheitsaussage. Diese ist zwar sehr positiv (schulisch etwa eine 1-2 Note) kontrastiert aber mit anderen, deutlich negativen Hinweisen. Wie ist sonst wohl die Formulierung bei der Verhaltensbeurteilung »gab niemals Anlass zu Beanstandungen« gemeint? Sicher eher negativ. Die Kollegen werden vor den Vorgesetzten genannt, was klar die falsche Reihenfolge ist und damit Probleme signalisiert.

Die Abschlussformel ist ohne Dank und Bedauern und lässt, da es noch andere Anzeichen gibt, auf große Unzufriedenheit und Probleme schließen, auf die der Arbeitgeber mit diesem Text hinweist. Der Unterzeichner weist seine Kompetenz nicht ausreichend genug aus, und das Ausstellungsdatum liegt schon etwas vom Austrittsdatum entfernt. Auch kein gutes Zeichen und damit leider im Einklang mit den übrigen schlechten Merkmalen.

Fazit
Für den Betroffenen kein hilfreiches Zertifikat und damit ein echter Anlass zur Sorge. Eine professionelle positive Überarbeitung wäre dringend zu empfehlen. Einschätzung: kaum noch ausreichend. Ein zukünftiger Stolperstein.

Kommentar zum 2. Zeugnisentwurf

Kein Adressenfeld, aber dafür die aktuelle Wohnanschrift im ersten Absatz. Sehr unprofessionell und daher auch nicht viel besser. Die Zufriedenheitsaussage klingt zwar recht freundlich, bedeutet aber im Klartext, dass die Arbeitsleistungen kaum ausreichend waren. Keine Empfehlung also. Und auch die Beurteilung des Verhaltens, das »jederzeit eigentlich einwandfrei« war, wirkt durch das »eigentlich« problematisch, selbst wenn jetzt die Abfolge Vorgesetzte, Kollegen (Mitarbeiter, sonstige) korrekt gewählt wurde.

In der Abschlussformel wird Dank ausgedrückt und die Zukunftswünsche klingen sehr freundlich. Hier ist aber noch ein formaler Fehler, die (Groß-) Schreibweise *Ihm*, zu reklamieren, schließlich handelt es sich nicht um die direkte Anrede.

Der Unterzeichner weist seine Kompetenz aus, aber das Ausstellungsdatum liegt schon deutlich vor dem Austrittsdatum, auch nicht so ideal. Insgesamt: In einigen Teilen besser, in anderen aber schlecht genug, sodass dieses Zeugnis immer noch als sehr problematisch einzuschätzen ist.

Fazit
Immer noch unbefriedigend und weiterhin ein Stolperstein.

Kommentar zum 3. Zeugnisentwurf

Hier haben wir jetzt eine sehr gute Version. Warum? Vergleichen Sie selbst und lernen Sie in den folgenden Kapiteln, worauf es wirklich ankommt und was wichtig ist (s. S. 31 ff.).

Jetzt die Erklärung im Detail: Die elegantere und sorgfältige Formulierung fällt schnell beim Lesen und im Vergleich zu den vorherigen Zeugnisversionen auf. Die zusammenfassende Zufriedenheitsaussage ist jetzt eindeutig positiv, wenn auch nicht ganz klassisch gewählt:

»Er war überdurchschnittlich einsatzbereit und *erledigte die ihm zugeteilten Aufgaben* zuverlässig, sorgfältig und verantwortungsbewusst und *jederzeit zu unserer ganzen Zufriedenheit.* «

Auch die Verhaltensbeurteilung klingt jetzt freundlich wohlwollend und überhaupt nicht mehr zweideutig.

»Das Verhalten von Herrn Gutzeit *war stets einwandfrei.* Von *Vorgesetzten* und *Kollegen* wurde er geschätzt und *unsere Mieter schätzen seine hilfsbereite und stets freundliche Art.*«

Die Abschlussformulierung:

»Herr Gutzeit *verlässt uns auf eigenen Wunsch fristgemäß zum Jahresende. Wir bedauern seinen Weggang und danken ihm für die gute Zusammenarbeit. Auf seinem zukünftigen Berufs- und Lebensweg wünschen wir ihm alles Gute, viel Glück und Erfolg.*«

...vermittelt eine positiv würdigende Haltung des Zeugnisausstellers.

Datum und Unterschrift sind optimal.

Fazit
Jetzt kann Herr Gutzeit zufrieden sein. Mit diesem Arbeitszeugnis kann er sich bewerben, es ist eindeutig als gut (vielleicht sogar noch etwas besser) einzuschätzen.

Alptraum Arbeitszeugnisse

»Bitte schreiben Sie mir ein Arbeitszeugnis ... «
»Was halten Sie davon: Sie schreiben sich Ihr Zeugnis selbst, zumindest einen Entwurf ... «
Etwas später:
»Können Sie mir bitte mal sagen, was da wirklich drinsteht ... «
Wiederum später:
»Damit bin ich aber so nicht einverstanden ... «

Arbeitszeugnisse – ein Alptraum für die meisten Verfasser, böhmische Dörfer für fast alle Leser und wahres Roulette für die Betroffenen.

Trotzdem: Das Arbeitszeugnis ist einer der wichtigsten Mosaiksteine für eine erfolgreiche Bewerbung. Wer einem potenziellen neuen Arbeitgeber nur durchschnittliche oder gar schlechte Arbeitszeugnisse vorlegen kann, hat auf einem immer enger werdenden Arbeitsmarkt ziemlich schlechte Chancen. Denn: die aufgrund der eingereichten schriftlichen Bewerbungsunterlagen erfolgende Vorauswahl gilt es zunächst einmal erfolgreich zu überstehen, um überhaupt zu einem Vorstellungsgespräch eingeladen zu werden.

Die Sensibilisierung für diese Tatsache und das Bewusstsein für die Bedeutung von Arbeitszeugnissen hilft vielleicht, die zunächst verständlicherweise vorhandenen Widerstände gegen eine gründliche Beschäftigung mit dieser »trockenen« Materie abzubauen. Wir versprechen: Es wird spannend.

Eine besondere, von vielen Arbeitnehmern noch nicht erkannte Bedeutung als Bewerbungsbaustein hat das Zwischenzeugnis. Es kann den Bewerbungsunterlagen beigefügt werden, wenn der Wechselwunsch vorhanden ist und entsprechende Aktivitäten schon getätigt wurden, das abschließende Arbeitszeugnis aber noch nicht vorliegt, ja der aktuelle Arbeitgeber von dieser Neuorientierung besser auch noch nichts wissen sollte. Außerdem erlaubt das Zwischenzeugnis – auch unabhängig von einem aktuellen Bewerbungsvorhaben – eine Kontrolle der Beurteilung von Leistung und Verhalten seitens des Arbeitgebers und sichert im positiven Fall den Arbeitnehmerstatus.

Arbeitszeugnis-Arten

Arbeitszeugnisse begleiten uns durch das Berufsleben. Sie sind keinesfalls alle gleich, sondern lassen sich nach Zeitpunkt bzw. Anlass ihrer Erstellung und nach ihrem Inhalt unterscheiden. Unter inhaltlichen Gesichtspunkten gibt es das »einfache« und das »qualifizierte« Arbeitszeugnis, unter zeitlichem Aspekt das »vorläufige«, »endgültige« und das »Zwischenzeugnis«. Im Einzelnen stellen wir vor:

- die Arbeitsbescheinigung
- das einfache Zeugnis
- das qualifizierte Zeugnis
- das Zwischenzeugnis
- das Berufsausbildungszeugnis und
- das Ferien-, Aushilfs- und Nebenjobzeugnis

Die Arbeitsbescheinigung

enthält Angaben

- zur Person (Namen, Geburtsdatum, Familienstand)
- über die Art der ausgeübten Tätigkeit
- die Dauer des Arbeitsverhältnisses
- die Höhe der Entlohnung
- darüber, welche Seite gekündigt hat und
- über den Grund der Kündigung.

Bewertende Aussagen über Leistung und Führung des Mitarbeiters gehören nicht in eine Arbeitsbescheinigung. Sie ist lediglich ein Formular (von der Wiege bis zur Bahre: Formulare, Formulare . . .) der Bundesanstalt für Arbeit und dient einzig und allein dem Zweck, über einen Anspruch auf Arbeitslosengeld und dessen Höhe zu entscheiden. Dieses Papier ist kein Arbeitszeugnis im eigentlichen Sinn, dafür aber absolut notwendig zur Erlangung von Arbeitslosengeld. Jeder Arbeitgeber ist verpflichtet, dem Arbeitnehmer unmittelbar bei Beendigung des Arbeitsverhältnisses eine derartige Bescheinigung auszustellen. Dabei spielt es keine Rolle, wer gekündigt hat und ob die Kündigung überhaupt rechtswirksam ist. Selbst im Falle eines Konkurses ist eine Arbeitsbescheinigung unverzichtbar.

Das einfache Zeugnis

enthält Angaben

- zur Person (Name etc., s. o.)
- Art der Beschäftigung
- Dauer des Beschäftigungsverhältnisses
- Beendigungsgründe und -modalitäten.

Das einfache Zeugnis ist typisch für weniger qualifizierte bzw. kurzfristig ausgeübte Tätigkeiten und enthält keinerlei bewertende Aussagen über Leistung und Führung des Mitarbeiters. Dennoch reicht die bloße Berufsbezeichnung nicht aus (z. B. Verkäuferin, kaufmännischer Angestellter etc.). Der konkrete Tätigkeitsbereich (z. B. Verkäuferin in der Herrenschuhabteilung, kaufmännischer Angestellter im Schreibwaren-Groß- und Einzelhandel mit dem Schwerpunktbereich Schulbedarfsartikel) muss aufgeführt werden.

Bei der Dauer des Beschäftigungsverhältnisses ist der rechtliche und nicht der tatsächliche Zeitraum zu berücksichtigen. Das bedeutet, ein Arbeitsvertragsverhältnis beginnt z. B. am 1. Januar (auch wenn das ein Feiertag war) und endet zum Quartalsende am 31.12., auch wenn für die letzten 14 Tage eventuell Urlaub eingereicht wurde.

Das qualifizierte Zeugnis

ist der gängigste Zeugnistyp und eine deutlich erweiterte Version des eben beschriebenen einfachen Zeugnisses. Es enthält zu den Informationen über Art und Dauer des Beschäftigungsverhältnisses auch eine Beschreibung und Beurteilung der Leistung und Führung des Arbeitnehmers für den gesamten Zeitraum.

Erstaunlich, aber juristisch gesehen korrekt: Ein qualifiziertes Zeugnis sollte nur auf ausdrücklichen Wunsch des Arbeitnehmers erteilt werden. Ein nicht erwünschtes qualifiziertes Zeugnis darf der Arbeitnehmer zurückweisen. Er kann aber in diesem Fall zusätzlich ein einfaches Zeugnis verlangen. Gleichwohl: Einfache Zeugnisse machen Arbeitgeber heutzutage eher misstrauisch, denn Standard bei den Bewerbungsunterlagen ist nun einmal das qualifizierte Zeugnis.

Dieser Zeugnistyp sollte der Gesamtpersönlichkeit des Arbeitnehmers Rechnung tragen und sie würdigen. Dabei geht es um die Beurteilung der Fähigkeiten und der erbrachten Leistungen des Arbeitnehmers, insbesondere seine Belastbarkeit, Initiative und Bereitschaft zum Engagement, ggf. auch zur Weiterbildung sowie das Verhalten gegenüber Vorgesetzten, Kollegen und Mitarbeitern (eventuell ergänzt um das Führungsverhalten, wenn Personalverantwortung gegeben war).

Hierbei wird dem Arbeitgeber ein Beurteilungsspielraum zugestanden, mit der gleichzeitigen Verpflichtung, zwei Geboten gerecht zu werden: der Zeugniswahrheit und dem Prinzip der wohlwollenden Beurteilung.

Oberster und erster Grundsatz für die Zeugnisformulierung ist die Wahrheit der Beurteilung (Bundesarbeitsgericht, Urteil vom 23. Juni 1960, 5 AZR 560/58). Das bedeutet, dass nur Tatsachen, aber keine Behauptungen, Annahmen oder Verdachtsmomente angeführt werden dürfen. Und zweitens ist der wohlwollende Maßstab eines verständnisvollen Arbeitgebers zugrunde zu legen, der dem Arbeitnehmer das berufliche Fortkommen nicht ungerechtfertigt erschweren darf (Bundesgerichtshof, Urteil vom 26. November 1963, VI ZR 221/62).

Die Forderung nach wohlwollender Beurteilung bei gleichzeitiger Wahrheitspflicht bedeutet u. U. einen gewissen Konflikt und hat in der heute gängigen Praxis dazu geführt, qualifizierte Zeugnisse in der Regel positiv zu formulieren, Negatives wegfallen zu lassen und massive Probleme eher zu verklausulieren.

Beim qualifizierten Zeugnis ist Folgendes zu berücksichtigen und zu beachten:

- Es muss (wie Zeugnisse generell) auf Geschäftspapier mit vollständiger Adresse des Arbeitgebers geschrieben sein.
- Nicht fehlen darf die Überschrift (z. B. »Arbeitszeugnis«, »Vorläufiges Zeugnis«, »Zwischenzeugnis«, »Berufsausbildungszeugnis«, s. u.).
- Die persönlichen Daten des Beurteilten: Vor- und Zuname (heute eher unüblich: bei verheirateten oder geschiedenen Frauen der Geburtsname); Geburtsdatum, (seltener: auch der Ort); selbstverständlich: akademische Grade bzw. Doktor-Titel; gegebenenfalls Adelsprädikate.
- Die genaue Beschäftigungsdauer (der Eintrittstermin wird in der Regel am Anfang des Zeugnisses erwähnt, der Austrittszeitpunkt wird immer häufiger aus den Formulierungen des Textendes ersichtlich, kann aber auch traditionell mit den Worten »war von . . . bis . . . tätig« am Zeugnisanfang stehen).
- Tätigkeitsbeschreibung (chronologische Reihenfolge bei verschiedenen Tätigkeiten und Positionen).
- Fertigkeiten, (Spezial-)Kenntnisse und Erfahrungen (bei eventuell unterschiedlichen Tätigkeits- und Einsatzbereichen) sowie die Beurteilung der Leistung des Arbeitnehmers (insbesondere Stärken und Erfolge).
- Eventuell Teilnahme an Fortbildungsmaßnahmen.
- Beurteilung der Führung und des Sozialverhaltens (Umgang mit Vorgesetzten, Kollegen und eventuell Dritten, aber auch Aspekte wie Loyalität und Vertrauenswürdigkeit).
- Eventuell Beurteilung der Mitarbeiter-Führungskompetenz.
- Gründe zur Auflösung des Arbeitsverhältnisses.
- Schlussformel (Bedauern über Ausscheiden, Dank für Geleistetes, gute Wünsche für die Zukunft).
- Ausstellungsort und -datum des Zeugnisses (in unmittelbarer zeitlicher Nähe zum Austrittsdatum) sowie Unterschrift (wichtig: Dienstgrad und/oder Funktion des Ausstellers).

(Siehe dazu ausführlich S. 34 ff.)

Das Zwischenzeugnis

Wenn auch der Anspruch auf ein Zwischenzeugnis gesetzlich nicht vergleichbar eindeutig geregelt ist wie beim Endzeugnis (insbesondere beim qualifizierten), so wird doch in der Praxis akzeptiert, dass der Arbeitnehmer bei berechtigtem Interesse ein Recht auf ein Zwischenzeugnis hat.

Obwohl das Arbeitsverhältnis (z. Z.) weiter besteht, können Anlässe dafür sein:

- Kündigungsvorhaben des Arbeitnehmers bzw. sicher in Aussicht stehende Beendigung des Arbeitsverhältnisses (z. B. befristeter Arbeitsvertrag oder drohender Konkurs des Unternehmens).
- Spezielle Fortbildungs- und Aufstiegsvorhaben und -wünsche.
- Wechsel von Arbeitsplatz, Verantwortungsbereich und/oder Vorgesetztem.
- Wenn das normale Beschäftigungsverhältnis auf absehbare Zeit unterbrochen wird (z. B. Schwangerschaft, Wahl zum Betriebsrat, Einberufung zum Wehr-/Zivildienst, Übernahme eines politischen Mandats usw.).

Gelegentlich trifft man bei Arbeitnehmern, die ein Zwischenzeugnis wünschen, auf das Motiv, lediglich den eigenen Marktwert zu testen, eine Gehaltserhöhung durchsetzen zu wollen bzw. in einer Art Drohgebärde den Arbeitgeber darauf aufmerksam zu machen, dass eine Aufkündigung der Mitarbeit potenziell anstehen könnte.

In allen einschlägigen Fachbüchern wird davor immer wieder gewarnt, denn nicht nur die Arbeitsatmosphäre kann reichlich belastet werden. Darüber hinaus kann der Arbeitgeber – mit dem Recht auf seiner Seite – sogar in die Lage kommen, dem Arbeitnehmer zu kündigen, weil er formaljuristisch gesehen mit der Bitte nach einem Zwischenzeugnis einen so genannten Abkehrwillen dokumentiert.

Wer wirklich vorhat, seinen Arbeitsplatz zu wechseln, tut gut daran, es Vorgesetzte und Kollegen nicht vorzeitig merken, geschweige denn wissen zu lassen. Ein neuer Arbeitgeber weiß sehr wohl, dass ein Bewerber in ungekündigter Position in der Regel deshalb kein Zwischenzeugnis (und schon gar kein Endzeugnis) vorweisen kann (dazu unser Buch: Der erfolgreiche Arbeitsplatzwechsel – Vorbereitung, Kündigung neuer Job).

Andererseits ist bei der richtigen Gelegenheit (siehe oben) jedem Arbeitnehmer unbedingt zu empfehlen, sich ein Zwischenzeugnis ausstellen zu lassen. Es wird in der Regel positiv ausfallen und einen guten Status quo schaffen, denn jeder Arbeitgeber will seinen Arbeitnehmer natürlich nicht demotivieren, sondern ihn durch ein freundlich-wohlwollendes, wenn nicht sogar auch lobendes Zwischenzeugnis eher anspornen.

Sollte der Arbeitgeber später anlässlich der Auflösung des Arbeitsverhältnisses eine andere Beurteilung geben wollen, ist er mit einem positiven Zwischenzeugnis schon relativ stark gebunden und kann nicht plötzlich in der Endbeurteilung einen ganz anderen Tenor wählen.

Das Berufsausbildungszeugnis

Alle Auszubildenden haben einen Anspruch auf ein Berufsausbildungszeugnis – auch dann, wenn sie die Abschlussprüfung nicht absolviert oder nicht bestanden haben. Dabei gibt es einfache bzw. qualifizierte Zeugnisse und wiederum die Möglichkeit eines Zwischenzeugnisses.

Inhaltlich geht es vor allem um die erworbenen Kenntnisse und Fähigkeiten, aber auch um die Beurteilung von Leistungs- und Verhaltensmerkmalen (z. B. Lernfähigkeit, Auffassungsgabe, Engagement, Arbeitsquantität und -qualität, Sozialverhalten, Teamfähigkeit). Die durchlaufenen Ausbildungsbereiche sollten ebenso Erwähnung finden wie Ort und Art der erfolgreich abgelegten Abschlussprüfungen.

Das Ferien-, Aushilfs- und Nebenjobzeugnis

Auch Ferien-, Aushilfs- und Nebenjobs – ob eine oder acht Wochen – sind eine gute Möglichkeit, um mittels eines Zeugnisses zu dokumentieren, wie man sich in der Arbeitswelt behauptet hat. Gerade für Schüler bzw. Studenten ist diese Art Zeugnis ein erstes Dokument zur Bewährung in dem, was man den »Ernst des Lebens« nennt. Zur Länge: Eine halbe Seite reicht aus. Zum Inhalt: grundsätzlich wie bei anderen qualifizierten Zeugnissen.

Und noch ein weiterer Typ von Arbeitszeugnis

In der uns bekannten Form gab es Arbeitszeugnisse in der früheren DDR nicht. Hier begnügte man sich mit so genannten *Beurteilungen*, deren Sprache weitaus weniger verschlüsselt und kompliziert war. Anlässlich einer Versetzung oder des Ausscheidens aus dem Betrieb gab es für den Arbeitnehmer eine schriftliche Beurteilung, die seinen Werdegang, die berufliche Entwicklung, seine Arbeitsaufgaben sowie die Aus- und Weiterbildungsmaßnahmen dokumentierte. Lief etwas schief oder gab es negative Vorkommnisse, konnten diese offen festgehalten werden. Aber auch fehlendes Lob und die Auslassung einer Anerkennung des Geleisteten hatte eine ähnlich negative Bedeutung wie in den Arbeitszeugnissen der alten Bundesländer.

Eine Begründung, warum das Arbeitsverhältnis endete, oder gar eine Dankes-Bedauerns-Formel sowie Zukunftswünsche waren nicht gebräuchlich. Man begnügte sich weitgehend mit Angaben zum Betriebseintritt, einer Darstellung von beruflichem Werdegang sowie politisch-gesellschaftlichem Engagement und mit Ausführungen zu Leistung und Berufserfahrung. Hier war auch der Platz für die Erwähnung erhaltener Auszeichnungen (»Verdienter Aktivist«).

Einen besonderen Stellenwert in den DDR-Zeugnissen hatten gesellschaftliche Tätigkeiten bzw. die Mitgliedschaften in bestimmten staatlichen Organisationen und Verbänden, so dass sich hier für den ungeschulten Leser bisweilen ein politisch-tendenziöser Eindruck ergibt, der jedoch zu relativieren ist. Die Mitgliedschaft z. B. im »Kollektiv der Deutsch-Sowjetischen Freundschaft« lässt nicht unbedingt Rückschlüsse auf das wirkliche politische Engagement zu.

Mit der »Wende« veränderte sich auch die Form des Arbeitszeugnisses, und so gilt für diese schwierige Umbruchszeit, dass bei dem Versuch, sich neuen Beurteilungsmaßstäben anzupassen, einiges schief gelaufen ist. Zeugnisse zwischen 1990 und 1993 sind in ihrem Aussagewert oft stark eingeschränkt.

Da dieser Zeitabschnitt nun aber fast eine Generation zurückliegt, sollten Sie sich über die Formulierungen wirklich keine Gedanken mehr machen. Ob Sie überhaupt Zeugnisse aus dieser Zeit beilegen wollen, müssen Sie entscheiden. Als Beurteiler von solchen Zeugnissen empfehlen wir Ihnen eine vorsichtige Zurückhaltung.

Wer hat wann Anspruch auf ein Arbeitszeugnis?

Arbeitszeugnis-Berechtigte

Die gesetzlichen Grundlagen für den Anspruch auf ein Arbeitszeugnis ergeben sich klar und deutlich aus verschiedenen Paragrafen des Bürgerlichen Gesetzbuches (BGB), des Handelsgesetzbuches (HGB), der Gewerbeordnung (GewO), des Berufsbildungsgesetzes (BBiG) sowie aus Tarifverträgen. Hier wird auch deutlich, dass jeder Arbeitnehmer, der unselbstständig beschäftigt und damit wirtschaftlich von seinem Arbeitgeber abhängig ist, generell Anspruch auf ein Arbeitszeugnis hat.

Im Einzelnen sind dies:

- Gewerbliche Arbeitnehmer
- Technische und kaufmännische Angestellte
- Leitende Angestellte und Organmitglieder
- Mitarbeiter des öffentlichen Dienstes
- Beamte
- Auszubildende
- Praktikanten, Volontäre und Werkstudenten
- Schüler, Studenten (u. a.), die Ferien-, Aushilfs- und Nebenjobs ausüben
- Arbeitnehmer in Probearbeitsverhältnissen
- Teilzeitbeschäftigte
- Heimarbeiter
- Leiharbeitnehmer (gegenüber dem »Verleiher«)
- Freie Mitarbeiter (eingeschränkt)
- Handelsvertreter (eingeschränkt)
- Soldaten und Zivildienstleistende

Generell kann man sagen: Der Arbeitgeber ist gegenüber dem Arbeitnehmer gemäß § 630 BGB verpflichtet, nach Beendigung des Arbeitsverhältnisses ein Zeugnis auszustellen – allerdings nur dann, wenn der Arbeitnehmer dies ausdrücklich verlangt. Es handelt sich somit juristisch gesprochen um eine »Holschuld« und nicht um eine »Bringschuld«. Der Arbeitgeber hat dabei kein Recht, das Arbeitszeugnis zurückzuhalten (z. B. mit der Begründung, Arbeitsgeräte und -kleidung seien noch nicht zurückgegeben worden).

Und wie immer: Gewisse Ausnahmen und Sonderformen bestätigen diese Regel. Besonderheiten gelten für Auszubildende, bei denen der Arbeitgeber zur Zeugniserteilung ausdrücklich verpflichtet ist. Leitende Angestellte haben auch bei Ausübung arbeitgeberähnlicher Funktionen einen Zeugnisanspruch. Lediglich bei Organmitgliedern, z. B. einem GmbH-Geschäftsführer mit 50 und mehr Prozent der Gesellschaftsanteile, besteht kein Zeugnisanspruch. Wer sollte ihm auch das Zeugnis ausstellen, wo er doch selbst der Chef ist?

Bei Leiharbeitern ist der »Verleiher« der eigentliche Arbeitgeber und nicht der »Entleiher«, d. h. der Betrieb, bei dem es zum eigentlichen Arbeitseinsatz kommt und der die Qualität der Arbeit eigentlich besser beurteilen könnte. Freie Mitarbeiter sowie Handelsvertreter haben einen eingeschränkten Anspruch auf ein Arbeitszeugnis, der sich aus ihrem besonderen Vertragsverhältnis ableitet.

Mitarbeiter im öffentlichen Dienst haben nach den Vorschriften des Bundesangestelltentarifvertrags (BAT) ebenfalls Anspruch auf ein Zeugnis. Bei Beamten heißt das Arbeitszeugnis Dienstzeugnis. Bei Rechtsstreitigkeiten ist allerdings für Beamte nicht das Arbeits-, sondern das Verwaltungsgericht (nach vorangegangenem Widerspruchsverfahren) zuständig.

Arbeitszeugnis-Aussteller

Der Arbeitgeber bzw. Dienstherr ist verpflichtet, dem Arbeitnehmer auf begründeten Antrag hin ein Zeugnis auszustellen. Die Anlässe sind das Arbeitsende bzw. die Gründe, die wir für das Zwischenzeugnis beschrieben haben (s. S. 63 ff.). In großen Unternehmen ist die Personalabteilung dafür zuständig, in kleinen der Inhaber.

Entscheidender Punkt bei der Erstellung eines Arbeitszeugnisses ist neben den inhaltlichen Kriterien die Frage, wer das Zeugnis unterschreibt und damit als Aussteller, eventuell als Ansprechpartner, Verantwortung übernimmt. Es ist also keinesfalls beliebig, wer unterschreibt. Ganz im Gegenteil: Je wichtiger die Person, die unterschreibt, im Unternehmen ist, desto größer ist die Wertschätzung für den Beurteilten, die sich darin ausdrückt.

Ein gleichberechtigter Mitarbeiter, ein Kollege oder die Schreibkraft aus dem Lohnbüro kommen als Unterzeichner absolut nicht in Frage. Das Arbeitszeugnis muss immer von einem ranghöheren Mitarbeiter unterschrieben werden. Wichtig dabei ist zu wissen, dass man als Arbeitnehmer keinen Anspruch darauf hat, dass der Chef persönlich unterschreibt (Ausnahme: Er ist der einzige Ranghöhere).

Im öffentlichen Dienst ist der Behördenleiter bzw. sein Stellvertreter, gegebenenfalls auch die Personalabteilung für die Ausstellung des Arbeitszeugnisses zuständig.

Vorstellbar sind auch zwei Unterschriften unter Ihrem Arbeitszeugnis, wobei eine von Ihrem direkten Fachvorgesetzten stammen darf.

Da der geschulte Blick eines potenziellen neuen Arbeitgebers bei der Zeugnisanalyse garantiert zur Kenntnis nimmt, wer Ihr Zeugnis unterschrieben hat, sollten Sie unbedingt verlangen, dass nicht irgendjemand, sondern möglichst der Geschäftsführer, Direktor, Personalchef, Prokurist, Abteilungsleiter oder gegebenenfalls wenigstens ein Meister unterschreibt. Wir betonen es erneut: Je ranghöher die Person, die unterzeichnet, desto größer die Wertschätzung und Glaubwürdigkeit, die durch das Zeugnis ausgedrückt werden. Damit dies auch für den Leser deutlich wird, sollten unter der maschinenschriftlichen Wiederholung des Namens des Unterzeichnenden auch dessen Titel und Funktion stehen. Auf keinen Fall ist eine Übertragung der Zeugnisausstellung an eine dritte Person zulässig, die gar nicht zum Unternehmen gehört (z. B. nach einer arbeitsrechtlichen Auseinandersetzung an den Anwalt).

Wann ist das Zeugnis fällig?

Unabhängig davon, ob es sich um eine ordentliche, fristgerechte oder eine außerordentliche und damit fristlose Kündigung handelt, und ganz egal, ob sie von Arbeitgeber- oder Arbeitnehmerseite ausgeht: Mit der tatsächlichen Beendigung des Arbeitsverhältnisses hat der Arbeitnehmer ein Recht auf ein einfaches bzw. (viel besser!) auf ein qualifiziertes Arbeitszeugnis. Bei längeren Kündigungsfristen – während der Arbeitnehmer noch weiterbeschäftigt, aber bereits auf Arbeitsplatzsuche ist – besteht der berechtigte Anspruch auf ein vorläufiges Arbeitszeugnis. Dieses bindet den Arbeitgeber weitestgehend bei der Formulierung des endgültigen Zeugnisses, es sei denn, in der Zwischenzeit sind nachweislich gravierende Dinge vorgefallen, die mit Recht Eingang in das endgültige Arbeitszeugnis finden müssen.

Wann verjährt der Zeugnisanspruch?

Eigentlich erst nach 30 Jahren, aber in der Realität von Arbeitswelt und -alltag empfiehlt es sich, nicht so lange zu warten, sondern sein Zeugnis so rasch wie möglich zu erbitten. Notfalls müssen Sie Ihren Anspruch – nach vergeblichen mündlichen und schriftlichen Bemühungen Ihrerseits – auch juristisch durchsetzen lassen. Wer hier nachlässig ist, geht bereits nach etwa drei Monaten ein unkalkulierbares Risiko ein.

Am besten also gleichzeitig mit der Kündigungserklärung um die schnelle Ausfertigung eines qualifizierten Zeugnisses bitten. Sollten Sie damit keinen Erfolg haben, müssen Sie wohl oder übel ein vorläufiges Zeugnis akzeptieren, das aber in seiner hoffentlich positiven Beurteilung die letzten Arbeitswochen oder -monate, die oftmals nicht unproblematisch verlaufen (Stichwort Enttäuschungen), »festklopft«.

Zwischen Wahrheit und Wohlwollen

Bei dem Gesamteindruck, den Ihre schriftlichen Bewerbungsunterlagen erzeugen, spielen die beigefügten Arbeitszeugnisse eine nicht unwesentliche Rolle. Fehlen diese, macht das jeden potenziellen neuen Arbeitgeber misstrauisch. Schlechte Zeugnisse sind ein guter Grund, Sie als Bewerber gar nicht erst in die engere Wahl kommen zu lassen. Unterschätzen Sie also die Bedeutung von Arbeitszeugnissen nicht.

Doch selbst wenn der Text positiv klingt und auch wirklich so gemeint ist, gibt es keine Garantie dafür, dass ein Arbeitszeugnis Ihnen mehr nützt als schadet. In wirtschaftlich schlechten Zeiten werden z. B. »wegzurationalisierende« Arbeitskräfte mit Abfindungen und guten Zeugnissen »geködert« und »freigesetzt« (mit einem anderen unschönen Ausdruck auch als eine Art »Wegloben« tituliert). Selbst ein sehr gutes Arbeitszeugnis kann den Leser, einen potenziellen neuen Arbeitgeber, misstrauisch machen. Zeugnisse haben es allemal in sich.

Am wichtigsten im Bewerbungsverfahren ist jedoch immer noch der persönliche Eindruck, den man im Vorstellungsgespräch von Ihnen, dem Bewerber, gewinnt. Bis dahin muss man allerdings erst einmal gelangen. Diverse Hürden wollen vorher genommen sein. Und Arbeitszeugnisse können sehr wohl eine solche schier unüberwindbare Hürde darstellen.

Kurzum: Arbeitszeugnisse haben oft einen deutlichen Einfluss auf die Vorauswahl der Bewerber um einen Arbeitsplatz. Im Zweifelsfall, d. h. wenn der Arbeitsplatzanbieter unsicher ist, wie er Sie nach einem Vorstellungsgespräch einschätzen soll, wird er Ihre Arbeitszeugnisse noch einmal kritisch lesen, um seine Entscheidung mit Hilfe der Beurteilung eines anderen Arbeitgebers (des Zeugnisausstellers) abzusichern.

Das hat jedoch auch Konsequenzen für den Zeugnisaussteller. Ihm obliegt eine nicht zu unterschätzende Verantwortung. Die Rechtsprechung verlangt, wie bereits erwähnt, dass die Beurteilung eines Arbeitnehmers im Zeugnis wahrheitsgemäß und ausschließlich wohlwollend zu erfolgen hat. Offensichtlich nicht den Tatsachen entsprechende negative Beurteilungen können bei einer gerichtlichen Auseinandersetzung zwischen Arbeitnehmer und Arbeitgeber zu einer Schadenersatzpflicht führen, wenn das Zeugnis das berufliche Fortkommen des Beurteilten nachweislich behindert hat.

Um nicht in Regress genommen zu werden, neigen Zeugnisaussteller eher dazu, Mitarbeiter »über den grünen Klee« zu loben oder ihnen selbst den »schwarzen Peter« zuzuschieben, indem sie dazu auffordern, das Zeugnis doch bitte selbst zu entwerfen. So mancher Arbeitnehmer hat sich schon nachhaltig geschadet, weil er fälschlicherweise im guten Glauben war, sich selbst ein hervorragendes Zeugnis zu schreiben.

Schadenersatzansprüche

Nicht selten verschanzen sich Arbeitgeber aber auch hinter folgender Argumentation: Sie schieben gerne die Befürchtung vor, von einem neuen Arbeitgeber schadenersatzpflichtig gemacht zu werden, wenn sie einem ausscheidenden Mitarbeiter Verhaltensweisen, Fähigkeiten und Eigenschaften attestieren, die dieser (angeblich) gar nicht hat. Oder sie behaupten, aus diesem Grund bestimmte Aspekte nicht verschweigen zu können.

Immer wieder taucht also in der einschlägigen Fachliteratur der warnende Hinweis auf, dass der Zeugnisaussteller vom neuen Arbeitgeber seines ehemaligen Arbeitnehmers regresspflichtig gemacht werden könnte.

Abschreckendes Beispiel: Einer Bäckereiverkäuferin wird im Arbeitszeugnis mit auf den Weg gegeben, sie sei aufmerksam, umsichtig und klug. Tatsache aber ist: der zeugnisausstellende Arbeitgeber wähnt sich froh, eine im Kopfrechnen hoffnungslos überforderte Mitarbeiterin wegzuloben, die knapp bis drei zählen kann und ständig beim Wechselgeld »danebenliegt«.

Der neue Arbeitgeber wird nun schnell entdecken, dass seine frisch eingestellte Mitarbeiterin mit dem exzellenten Zeugnis an jedem Feierabend ein Minus in der Kasse hinterlässt, das klar auf mangelnde Rechenfähigkeit zurückzuführen ist und der Beschreibung von »aufmerksam, umsichtig und klug« diametral entgegensteht.

Glauben Sie wirklich, liebe Leser, dass in diesen und ähnlichen Fällen ein Arbeitgeber den anderen wegen einer zu optimistischen Zeugnisformulierung in Schwierigkeiten bringen würde?

Glauben Sie, dass wegen eines Managers, der bei der Manipulation von Zahlen unangenehm aufgefallen ist und dies beim neuen Arbeitgeber wiederholt, oder wegen eines Stationsarztes, der seine Patienten nicht ordentlich versorgt und trotzdem ein unauffällig-ordentliches Zeugnis bekommt, wirklich Gerichtsprozesse initiiert werden, weil sich eine Arbeitgeberpartei von der anderen getäuscht fühlt?

Gelinde gesagt: wohl eher nicht. Der Hinweis auf die schwere Verantwortung gegenüber dem neuen Arbeitgeber ist vor allem dazu angetan, ein nicht »gerade berauschend klingendes Zeugnis« zu rechtfertigen und damit eventuell Rache nehmen zu können am ausscheidenden Mitarbeiter. Eventuelle Ausnahmen: wirkliche kriminelle Verfehlungen (klar bewiesene Unterschlagung, sexuelle Belästigung am Arbeitsplatz etc.). Die Befürchtung, von einem anderen Arbeitgeber wegen eines zu positiv formulierten Zeugnisses haftbar gemacht zu werden, ist eher ein Druck- und Rachemittel und dient oft als Legitimationsbegründung.

Lassen Sie sich als Arbeitnehmer mit solchen vorgeschobenen Argumentationen nicht »kopfscheu« machen, holen Sie sich gegebenenfalls juristischen Beistand. Mehr zu dieser Problematik finden Sie auch in dem juristischen Ratgeber von Georg-R. Schulz (vgl. Anmerkungen auf Seite 180).

Über Zeugnisformen und -inhalte und worauf es ankommt

Formale Standards

Bevor wir uns den inhaltlichen Zeugnisbausteinen zuwenden, hier in aller Kürze die formalen Standards, auf die es bei Zeugnissen zu achten gilt:

- Das Zeugnis muss auf Firmenpapier fehlerlos geschrieben, d. h. getippt sein (Schreibmaschine/Computerdrucker). Handschriftliche Zeugnisse sind inakzeptabel.
- Das Schreiben muss sauber und absolut fehlerfrei sein (Grammatik, Rechtschreibung, Interpunktion). Auch kleinste Korrekturen bedingen, dass das Zeugnis neu geschrieben bzw. ausgedruckt werden muss.
- Geheimzeichen (etwa in Form von sinnlosen oder willkürlichen Punkten oder Strichen etwa bei der Unterschrift), aber auch andere Hervorhebungen sind nicht zulässig (z. B. Unterstreichungen, Gesperrt- oder Kursivdruck, Textpassagen in Anführungszeichen, Ausrufungs- und Fragezeichen sowie drei viel sagende Punkte am Ende eines Satzes (»War immer lebhaft . . . «).
- Das Ausstellungsdatum des Zeugnisses sollte möglichst das Austrittsdatum sein bzw. in unmittelbarer Nähe zu diesem liegen (maximale Spanne fünf bis 10 Tage vor bzw. nach Beendigung des Arbeitsverhältnisses). Ein »krummes« Ausstellungsdatum kann ein Hinweis auf eine fristlose Kündigung sein.
- Der Mindestumfang beträgt bei einem qualifizierten Zeugnis eine Seite, besser etwas mehr, aber auch nicht mehr als zwei Seiten.
- Das Papierformat muss (auf guter Papierqualität) bei DIN-A4 liegen, und das Zeugnis darf nicht geknickt werden.
- Die vollständige Anschrift des Arbeitgebers muss aus dem verwendeten Firmenpapier klar hervorgehen, dagegen gehört die private Postanschrift des Arbeitnehmers nicht in das Zeugnis, auch nicht in Form einer in das Adressenfeld gesetzten Anschrift. Schließlich handelt es sich um ein Zeugnis und nicht um einen Brief.
- Das Zeugnis ist unabhängig vom Herkunftsland des Arbeitnehmers oder -gebers in deutscher Sprache abzufassen.
- Der Arbeitnehmer wird mit »Herr«, die Arbeitnehmerin mit »Frau« (nicht Fräulein!) tituliert.
- Eine nachträgliche Änderung des Zeugnisses – unabhängig davon, ob freiwillig oder gerichtlich erzwungen – darf nicht dazu führen, das ursprüngliche Ausstellungsdatum zu verändern.
- Wird ein qualifiziertes Arbeitszeugnis erst geraume Zeit nach dem Ausscheiden durch den Arbeitnehmer erbeten, ist der Arbeitgeber nicht verpflichtet,

das Zeugnis rückzudatieren, sondern kann das aktuelle Datum verwenden (was beim kritischen Leser sicherlich keinen besonders guten Eindruck macht).

Gute und weniger gute Zeugnisse und ihre Motive

Bevor wir die inhaltlichen Aspekte im Detail betrachten, kann man zunächst einmal ganz banal feststellen, dass es gute und weniger gute Zeugnisse gibt. Als Gründe für ein besonders gutes, wohlwollend klingendes Zeugnis lassen sich folgende Aspekte anführen:

- Leistung und Gesamtverhalten des Arbeitnehmers sind wirklich gut, und der Arbeitgeber will seine Zufriedenheit darüber zum Ausdruck bringen.
- Der Arbeitgeber ist mit Leistung und Gesamtverhalten des Arbeitnehmers unzufrieden und möchte das Arbeitsverhältnis beenden, hat aber keine ausreichenden Gründe für eine Kündigung. Bei den Gesprächen über eine Trennung in beiderseitigem Einvernehmen kommt es zu der Übereinkunft eines positiven Arbeitszeugnisses (Stichwort »Wegloben«).
- Der Arbeitnehmer durfte sich – aus welchen Gründen auch immer – sein Zeugnis selbst schreiben und hat dieses mit Hilfe der einschlägigen Literatur professionell gestaltet.
- Ein zunächst ausgehändigtes weniger positives Zeugnis war Anlass für den Arbeitnehmer, vor das Arbeitsgericht zu ziehen bzw. mit einer Klage zu drohen. Daraufhin hat der Arbeitgeber das Zeugnis positiv umgestaltet.
- Aus allein betriebsbedingten Gründen muss dem Arbeitnehmer – auch zum Bedauern des Arbeitgebers – gekündigt werden, und er fühlt sich moralisch verpflichtet, die Arbeitsplatzsuche seines (ehemaligen) Arbeitnehmers zu unterstützen.
- Der Zeugnisaussteller fühlt sich über Gebühr an die Wohlwollenspflicht gebunden, jedenfalls deutlich mehr als an den Wahrheitsgrundsatz.

Aber auch weniger wohlwollende Zeugnisse können auf Grund spezifischer Motive verfasst worden sein:

- Objektiv gesehen hat der Arbeitnehmer nicht gerade »glänzende« Leistungen erbracht.
- Ein extrem hoher Beurteilungsmaßstab sowie ausgesprochene Strenge aufseiten des Arbeitgebers führen zur einer Verzerrung und damit negativen Beurteilung.
- Aus pädagogischen Erwägungen für die im Betrieb verbleibenden Arbeitnehmer formuliert der Arbeitgeber negativ, damit die Mitarbeiter sehen, dass nur

gute Leistungen im Zeugnis »belohnt« werden (keine Gefälligkeitszeugnisse).

- Aus kollegialer Verpflichtung (bzw. »Corpsgeist«) dem neuen Arbeitgeber gegenüber, der eine zuverlässige, kritisch würdigende Beurteilungsgrundlage erhalten soll (»Der muss wissen, was mit diesem Bewerber auf ihn zukommt!«).
- Subjektive Antipathiefaktoren aufseiten des Beurteilers. Man hatte nie die gleiche Wellenlänge, bis hin zu ausgeprägteren Konkurrenz- und Neidgefühlen. Der Geselle war besser als der Meister ...
- Motiv Rache – aus Enttäuschung über den Weggang des Arbeitnehmers (den man doch z. B. gerade noch auf eine Fortbildung geschickt hatte ...).
- Das Image des Unternehmens (bezogen auf Ansprüche, »Standards«) soll nach außen hin durch ein strenges Zeugnis dokumentiert werden.
- Aus (eventuell neurotisch, d. h. paranoid getönter) Sorge vor etwaigen Schadenersatzansprüchen des neuen Arbeitgebers.
- Mangelhafte Kenntnisse über die professionelle Erstellung von Zeugnissen färben den Gesamteindruck oder einzelne Formulierungen negativ oder zumindest widersprüchlich. Dies kann für Arbeitgeber ebenso gelten wie für Arbeitnehmer, die ihr Zeugnis selbst schreiben dürfen, aber die Regeln nicht beherrschen.

Fazit: Bei jedem Arbeitszeugnis stellt sich die Frage, ob es wirklich in dem Sinn geschrieben wurde, in dem es der Leser jetzt liest und interpretiert, und ob sowohl die Schreib- als auch die Lese- und Interpretationsart gerechtfertigt sind. Mit anderen Worten: Meint der Zeugnisschreiber, was er schreibt, und schreibt er, was er meint? Alles in allem eine wirklich diffizile Materie. Und schon unsere Schulzeugnisse sollten uns eigentlich gelehrt haben, dass Papier nicht nur geduldig ist, sondern auch alle Beurteilung relativ und subjektiv.

Deshalb kann vor einer Selbstüberschätzung im Erstellen und Interpretieren von Zeugnissen nur gewarnt werden. Es liegt nicht nur an der einzelnen Formulierung, die zu einem positiven oder negativen Arbeitszeugnis führt, sondern vielmehr am Gesamteindruck, der sich dem geschulten Leser vermittelt.

So wird es diesen zum Beispiel nicht sonderlich beeindrucken zu lesen, welche positiven Leistungen ein Mitarbeiter erbracht hat, wenn am Zeugnisende sein selbstgewählter Fortgang nicht auch bedauert wird (so genannte Widerspruchtechnik). Und auch die kurze Verweildauer (bis zu zwei Jahren) im Betrieb ist ein deutlicher Hinweis darauf, dass die »verantwortungsvolle Tätigkeit in höchst wichtigen Arbeitsbereichen« nicht viel mehr als heiße Luft ist.

Fazit: Kein Superzeugnis, aber auch möglichst kein durchschnittliches oder gar zweifelhaftes, sondern schlicht ein gutes Zeugnis sollten Sie als Arbeitnehmer anstreben. Machen Sie sich schlau, worauf es dabei ankommt, und helfen Sie mit bei der Erstellung.

Aufbau eines qualifizierten Zeugnisses

Standard bei Bewerbungen ist das qualifizierte Zeugnis. In der folgenden schematischen Übersicht stellen wir die einzelnen Komponenten vor:

Überschrift
Zeugnis/Arbeitszeugnis/Dienstzeugnis/Zwischenzeugnis/Ausbildungszeugnis/Praktikumszeugnis

Einleitung
Angaben zu Person, Beruf und Beschäftigungsdauer

Positions-, Aufgaben- und Tätigkeitsbeschreibung
Tätigkeitsmerkmale/Kompetenzen/Verantwortung
Berufliche Entwicklung innerhalb des Unternehmens

Leistungsbeurteilung
- Arbeitsbereitschaft
- Arbeitsbefähigung (Belastbarkeit/intellektuelle Fähigkeiten/Fachkenntnisse/Weiterbildung)
- Arbeitsweise
- Arbeitserfolg (Arbeitsmenge-, -tempo, -qualität)
- Besondere Arbeitserfolge
- Fachwissen/Weiterbildungsmotivation
- Gegebenenfalls Mitarbeiter-Führungskompetenz (Abteilungs-, Gruppenleistung/Mitarbeiterzufriedenheit)
- Zusammenfassende Beurteilung der Leistung (Zufriedenheitsaussage)

Achtung: hier haben wir unbedingt darauf hinzuweisen, dass nicht alle Leistungsbeurteilungsmerkmale aufgeführt sein müssen. Drei oder vier reichen schon aus. Je nach Position und Zugehörigkeitsdauer im Unternehmen kann diese Liste mehr oder weniger vollständig abgehandelt auftauchen. Unbedingtes Muss ist jedoch die Zufriedenheitsaussage.

Verhaltensbeurteilung
Gegenüber Vorgesetzten/Kollegen/Dritten (z. B. Klienten)

Weitere persönliche und soziale Verhaltensaspekte
Zusammenfassende Verhaltensbeurteilung

Abschluss
Gründe für die Beendigung des Arbeitsverhältnisses
(Auf wessen Initiative?)

Dankes-Bedauern-Formel
eventuell Verständnis/Empfehlung/Wiedereinstellungsaussage
Zukunftswünsche

Ausstellungsort, -datum und Unterschrift(en)
Name des Ausstellers (auch maschinenschriftlich wiederholt), mit Hinweis auf dessen Position, Rechtsstellung (z. B. Prokura)

Diese Reihenfolge der Zeugniskomponenten ist eigentlich verbindlich, und eine Umstellung (z. B. die Verhaltens- vor der Leistungsbeurteilung) könnte bereits eine Negativbewertung signalisieren.

Dazu im Einzelnen:

Überschrift

Es leuchtet ein: Eine Überschrift muss sein. Nicht akzeptabel ist ein mit Ihrem Namen und Ihrer Anschrift versehenes Adressenfeld. Und auch Firmenpapier mit vorgedrucktem Adressenfeld (und klein gedruckter Absenderzeile) ist absolut unschön. Das Zeugnis ist ein Dokument und kein Geschäftsbrief, es sollte persönlich übergeben werden und nicht als Brief gefaltet bei Ihnen eintreffen.

Einleitung

Herr/Frau ... (Vorname/Name), geboren am ... in ..., war vom ... bis zum ... in unserem Unternehmen als ... tätig.

So oder ganz ähnlich sieht die Einleitung aus: mit Geburtsdatum, aber nicht immer mit Ort, mit Anfangs- und Enddatum der Beschäftigung, bisweilen mit genauer Abteilungsbezeichnung, in der Regel immer mit Beruf.

Wie schon erwähnt, sollte der Wohnort im Zeugnis keine Erwähnung finden, um nicht eventuell Vorurteilen bezüglich der sozialen Abstufung bestimmter Wohnorte und -gegenden Vorschub zu leisten (feines Westend oder schäbige Mau-Mau-Siedlung).

Sollte die Formulierung von der beschriebenen Form so deutlich abweichen, dass es als Einleitungssatz z. B. heißt: »Hiermit bescheinigen wir Herrn/Frau . . . , geboren am . . . , in unserem Unternehmen vom . . . bis . . . beschäftigt gewesen zu sein«, bedeutet das bereits in der Einleitung eine absolut negative Beurteilung.

Aber auch die Formulierung »Das Beschäftigungsverhältnis dauerte . . . « oder die Worte »XY wurde beschäftigt . . . «/» . . . hatte zu erledigen« deuten zweifelsfrei auf Grund der Passivform eine negative Beurteilung an. Besser also die Formulierung: » . . . war tätig« bzw. neutral » . . . trat in unser Unternehmen ein«.

Auch die Aufführung eines »krummen« Datums bei Arbeitsvertragsende (z. B. alles andere als der 30. bzw. 31., gegebenenfalls 15. eines Monats) aber auch schon ein Nicht-Quartalsende (z.B. Februar, Juli usw.) können bereits negative Aspekte signalisieren.

Nicht von Nachteil ist es, wenn in der Einleitung lediglich das Eintrittsdatum in das Unternehmen erscheint und das Austrittsdatum bei der Schlussformulierung genannt wird.

Generell löst die Angabe über die Beschäftigungsdauer bereits eine Beurteilungstendenz aus, zunächst einmal über den Informationswert des Zeugnisses (kurze Beschäftigungszeit von einem Jahr oder kürzer = wenig Beurteilungsmöglichkeiten), dann aber auch über den Arbeitnehmer selbst – wobei es natürlich immer auf den einzelnen Arbeitnehmer, seine Qualifikation und den Arbeitsplatz ankommt sowie auch auf die Zusammenschau der vorgelegten Zeugnisse.

Insgesamt gilt: Eine Beschäftigungsdauer von einem Jahr und weniger ist in der Regel deutlich negativ, unter zwei Jahren immer noch unbefriedigend, ab drei/vier bis sechs/sieben Jahren positiv, darüber spätestens ab acht oder zehn Jahren (bei einem Wechsel) eher als problematisch zu beurteilen. Ab 15 Jahren Beschäftigungsdauer stellt sich ganz besonders die Frage, warum jemand nach so langer Zeit wechselt.

Positions-, Aufgaben- und Tätigkeitsbeschreibung

Das Arbeitszeugnis muss an dieser Stelle über die Angabe der Position hinaus (z. B. Abteilungsleiter, Chefsekretärin) eine angemessen detaillierte Tätigkeits- und Aufgabenbeschreibung enthalten. Die bloße Nennung von Position und Funktion ist absolut unzureichend bzw. ein recht drastischer Hinweis auf eine Nichtwertschätzung.

Typische Merkmale der Aufgabenstellung und des Arbeitsplatzes müssen so vollständig und präzise beschrieben sein, dass ein fachkundiger Dritter sich einen genauen Eindruck vom Aufgabengebiet des beurteilten Arbeitnehmers machen kann. Dazu gehören auch gegebenenfalls Informationen über die berufliche Entwicklung im Unternehmen (Zuwachs an Kompetenz, Verantwortung oder auch Eingruppierung in eine höhere Tarifgruppe).

Dabei ist Unwesentliches (» . . . bediente den Fotokopierer«, oder schlimmer noch: » . . . das Telefon«) nicht aufzunehmen, da eine derartige Überbetonung von Unwesentlichem eine deutliche Negativbeurteilung beinhaltet.

Wichtig sind jeweils Informationen über den Schwierigkeitsgrad der Aufgaben, über (z. B. finanzielle Entscheidungs-)Kompetenzen, über die (z. B. alleinige) Verantwortung für bestimmte Arbeitsbereiche und den Grad der Selbstständigkeit.

Als Faustregel gilt: Je qualifizierter und spezialisierter die Tätigkeit und je länger die Zugehörigkeit zum Unternehmen, umso ausführlicher sollte die Darstellung sein. Eine aktuelle Stellenbeschreibung kann bei der Zeugniserstellung hilfreich sein (besonders, wenn man sein Zeugnis selbst schreiben muss).

Da Chefs häufig den detaillierten Tätigkeitsbereich ihrer Mitarbeiter weder kennen (noch adäquat beurteilen können), hat der im Zeugnis Beurteilte gerade bei der wichtigen Aufgabenbeschreibung ein Mitwirkungsrecht. Auch kann der betroffene Arbeitnehmer ein Interesse daran haben, dass bestimmte Tätigkeiten besonders herausgestellt werden, weil dies z. B. für seine weiteren beruflichen Pläne bzw. eine aktuelle Bewerbung besonders wichtig und dienlich ist.

Bei der Aufgabenbeschreibung gilt, dass »passive« Formulierungen (wie z. B. »XY oblag« oder: »zu den Aufgaben gehörte . . .«) eher eine negative Tendenz auf mangelnde Leistung/Erfolg andeuten könnten und deshalb unbedingt die (hoffentlich noch anschließende) Leistungsbeurteilung sehr aufmerksam gelesen werden sollte. Auch an dieser Stelle ist auf jeden Fall eine »aktive« Formulierung vorzuziehen (z. B.: »arbeitete . . . /führte aus«).

Auch die Reihenfolge der Details in der Aufgabenbeschreibung erfordert Beachtung. Das Wichtigste, Bedeutsamste sollte in der Aufzählung am Anfang stehen. Kaum nennenswerte temporäre Sonderaufgaben dürfen nicht erwähnt werden, denn selbst die scheinbar neutrale Aufgabenbeschreibung impliziert immer auch eine Bewertung.

Um die Bedeutung der Position und der damit verbundenen Aufgaben als Leser eines Zeugnisses richtig einschätzen zu können, bedarf es an gegebener Stelle auch der Nennung einiger Zahlen. Ob man z. B. als Einkäufer über einen Etat von 100.000 oder 10 Millionen Euro, als Personalleiter für 100 oder 1.000 Mitarbeiter Verantwortung trug, sollte unbedingt erwähnt werden.

Leistungsbeurteilung

Eine der heikelsten Zeugniskomponenten ist die Leistungsbeurteilung des Arbeitnehmers. Hierbei geht es um die Einschätzung des Arbeitgebers bezüglich folgender wichtigen Aspekte (nicht alle müssen behandelt werden):

- Arbeitsbereitschaft (Leistungsmotivation/Eigeninitiative)
- Arbeitsbefähigung (Belastbarkeit/intellektuelle Fähigkeiten/Auffassungsgabe/Problemlösungsfähigkeit/Fachkenntnisse/Weiterbildung)
- Arbeitsweise (Zuverlässigkeit)
- Arbeitserfolg (Arbeitsmenge, -tempo, -qualität, gegebenenfalls Überzeugungskraft/Verhandlungsgeschick)
- Besondere Arbeitserfolge
- Gegebenenfalls Mitarbeiter-Führungskompetenz (Abteilungs-, Gruppenleistung/Mitarbeiterzufriedenheit)
- Eine zusammenfassende allgemeine Beurteilung der Leistung (Zufriedenheitsaussage)

Gerade in diesem Abschnitt des Zeugnisses ist der schon erwähnte juristische Grundsatz des verständnisvollen Wohlwollens unter Berücksichtigung der objektiven Wahrheit zu beachten.

Dabei hat sich herausgestellt, dass in der Zeugnis-Praxis negative Bewertungen in der Regel nicht zu Papier gebracht werden, was aber keinesfalls zum falschen Rückschluss veranlassen sollte, es gäbe keine negativen Zeugnisse, keine schlechte Leistungsbeurteilung. Der praktizierte Zeugnisformulierungsstil orientiert sich an einer abgestuften positiven Ausdrucksweise, die im Negativen darin gipfelt, dass man durch Aus- und Weglassen den Leistungsmangel, die Unzufriedenheit auf Seiten des Zeugnisausstellers darstellt – im Fachjargon als »beredtes Schweigen« bezeichnet.

Gerade bei der so genannten zusammenfassenden Leistungsbeurteilung gibt es eine allgemein anerkannte Skala von positiven Formulierungen, die quasi einem (Schul-)Notenspiegel gleichkommt. Selbst Nicht-Personalfachleute wissen heutzutage, was sich hinter den Formulierungen verbirgt.

Die folgende Kurz-Übersicht entschlüsselt die gängigsten zusammenfassenden Formulierungen zur Leistungsbeurteilung in ihrem Benotungsgehalt (ausführlich gehen wir auf die zusammenfassende Leistungsbeurteilung auf S. 44 ein).

Sehr gute Leistungen werden mit folgenden Formulierungen beschrieben:
... hat die ihm/ihr übertragenen Arbeiten stets zu unserer vollsten Zufriedenheit erledigt.

... waren wir immer mit seinen/ihren Leistungen in jeder Hinsicht außerordentlich zufrieden.
... haben seine/ihre Leistungen in jeder Hinsicht unsere volle/vollste Anerkennung gefunden.

Gute Leistungen werden mit folgenden Formulierungen beschrieben:
... hat die ihm/ihr übertragenen Arbeiten stets zu unserer vollen Zufriedenheit erledigt.
... waren wir mit seinen/ihren Leistungen voll und ganz zufrieden.
... haben ihre/seine Leistungen unsere volle Anerkennung gefunden.

Befriedigende (nur noch durchschnittliche) Leistungen werden formuliert mit:
... hat die ihm übertragenen Arbeiten zu unserer vollen Zufriedenheit erledigt.
... waren wir mit seinen/ihren Leistungen voll/jederzeit zufrieden.
... hat unseren Erwartungen in jeder Hinsicht entsprochen.

Ausreichende (eigentlich schlechte) Leistungen werden umschrieben mit:
... hat die ihm/ihr übertragenen Arbeiten zu unserer Zufriedenheit erledigt.
... waren wir mit seinen/ihren Leistungen zufrieden.

Mangelhafte (absolut schlechte) Leistungen werden umschrieben mit:
... hat die ihm/ihr übertragenen Arbeiten im Großen und Ganzen zu unserer Zufriedenheit erledigt.
... haben seine/ihre Leistungen weitestgehend unseren Erwartungen entsprochen.

Unzureichende (katastrophale, mega schlechte) Leistungen werden umschrieben mit:
... hat sich bemüht, die ihm/ihr übertragenen Aufgaben zu unserer Zufriedenheit zu erledigen.
... hat er/sie sich bemüht, unseren Erwartungen/Anforderungen zu entsprechen.

Während es bei der zusammenfassenden Leistungsbeurteilung eine klare Interpretationsverabredung gibt, sind sich die Fachleute und noch mehr die Laien bei den Formulierungen für die Beurteilung einzelner Leistungskriterien herzlich uneinig. Es liegt auf der Hand, dass dies zu Verzerrungen und Fehlinterpretationen führt.

Das krasseste Beispiel entnehmen wir einem juristischen Fachbuch zum Thema Arbeitszeugnisse (G. Huber: Das Arbeitszeugnis in Recht und Praxis. Freiburg i. Br. 1994, S. 48f.). Hier lesen wir: »Gewisse Kriterien, wie z. B. Ehrlichkeit und Pünktlichkeit können als selbstverständlich vorausgesetzt werden und sind deshalb bei qualifizierteren Arbeitnehmern eher ein Hinweis, der eine Abwertung bedeutet. Unwichtiges bzw. Selbstverständliches wird lobend erwähnt, Wichtigeres – weil wenig bzw. schlecht vorhanden – weggelassen.«

Am Beispiel des Kassierers offenbart sich die ganze Problematik. Ein Teil der Fachleute vertritt den Standpunkt, dass die Ehrlichkeit eines Kassierers unabdingbare Voraussetzung sei und ihm deshalb auch in seinem Arbeitszeugnis bestätigt werden müsste. Andere Experten vertreten demgegenüber die Auffassung, dass die Ehrlichkeit eines Kassierers so selbstverständlich ist, dass der ausdrückliche Hinweis darauf eher dazu angetan ist, Mängel in anderen Bereichen zu attestieren. Insbesondere dann, wenn die Leistungsbeurteilung nur eingeschränkt positiv ausfällt.

Arbeitsbereitschaft

Hier geht es um die Motivation, um Leistungsbereitschaft und -wille, das gezeigte Engagement, das persönliche Interesse für die Arbeitsaufgaben. Dabei spielt auch die Eigeninitiative bei der Lösung von Arbeitsaufgaben eine wichtige Rolle.

Beispiel (sehr gute Beurteilung):

»XY zeigte stets ein hohes Engagement und Eigeninitiative bei der Lösung von Arbeitsproblemen.«

Beispiel (mangelhafte Beurteilung):

»XY hat der von uns geforderten Einsatzbereitschaft im Wesentlichen entsprochen.«

Arbeitsbefähigung

Hier geht es um Können und Fähigkeiten des Arbeitnehmers. Im Einzelnen spielen dabei intellektuelle Fähigkeiten, die allgemeine Auffassungsgabe, Belastbarkeit und Stresstoleranz, Ausbildung, Berufserfahrung und Fachkenntnisse sowie Problemlösungsfähigkeit und Weiterbildungsmotivation eine Rolle.

Nicht immer werden alle Einzelaspekte im Zeugnis auftauchen, aufschlussreiche Beurteilungskriterien sind jedoch, ob sich jemand weitergebildet hat, über exzellente Fachkenntnisse verfügt und stets gut belastbar war. Auch hier ist die Reihenfolge nicht ohne Bedeutung. Sonderqualifikationen können an dieser Stelle Erwähnung finden.

Beispiel (sehr gute Beurteilung):

»XY verfügt über ein fundiertes und vielseitig einsetzbares Fachwissen.

Dank seiner schnellen Auffassungsgabe und seines persönlichen Engagements in verschiedenen Weiterbildungsmaßnahmen im Bereich Z wurde er im Lauf der Zeit im Umgang mit unserem Maschinentypus X zu einem besonders qualifizierten Experten auf dem Gebiet Y.«

Beispiel (mangelhafte Beurteilung):

»XY verfügt über entwicklungsfähige Kenntnisse in seinem Arbeitsbereich und hatte Gelegenheit, sich erforderliches Wissen für die Tätigkeiten im Bereich X anzueignen.«

Arbeitsweise

Hier geht es um die Frage, inwieweit es dem Beurteilten gelingt, seine Leistungsmotivation, sein Wollen und sein Können (Fähigkeiten) im Arbeitsalltag umzusetzen. Sorgfalt und Zuverlässigkeit spielen dabei ebenso eine Rolle wie Selbstständigkeit und Kreativität. Aber auch Vertrauenswürdigkeit, Loyalität und Diskretion sind bei bestimmten Aufgabengebieten von großer Wichtigkeit und gegebenenfalls zu würdigen.

Oftmals wird in den Zeugnissen bezogen auf die Arbeitsweise von Sorgfalt und Fleiß gesprochen. Die Betonung besonderer Sorgfalt und Genauigkeit ohne Angaben zur Arbeitsmenge könnte aber auch als mangelnde Arbeitsschnelligkeit interpretiert werden.

Beispiel (sehr gute Beurteilung):

»XY zeigte bei der Erledigung seiner Aufgaben ein hohes Maß an Selbstständigkeit und Eigenverantwortlichkeit. Er konnte sich auf unterschiedliche Arbeitssituationen schnell einstellen und ist daher vielseitig einsetzbar.«

Beispiel (mangelhafte Beurteilung):

»XY bewältigte die entscheidenden Aufgaben – in der Regel mit Unterstützung seines Vorgesetzten – zuverlässig. Dabei ließ er es an Sorgfalt und Genauigkeit nicht fehlen.«

Arbeitserfolg

Letztlich sind jedoch nicht das Können und noch weniger der Wille entscheidend, sondern der Erfolg. Dabei kommt es sowohl auf die Qualität als auch auf die Quantität der Arbeitsleistung an. Der Erfolg dokumentiert die Effektivität der Arbeitsweise.

Neben Arbeitsmenge, -tempo und -qualität geht es bei bestimmten Aufgabenstellungen auch um die Erfolgsgaranten Überzeugungskraft und Verhandlungsgeschick.

Die attestierte und dabei deutlich betonte Kontaktfähigkeit eines Verkäufers ohne Benennung des Verkaufserfolgs muss als Hinweis auf ein weniger erfolgreiches Bemühen verstanden werden. Auch wenn gewisse Fortschritte bei Projekten, nicht aber deren erfolgreicher Abschluss beschrieben werden, beinhaltet das eine negative Beurteilung des Arbeitserfolges.

Beispiel (sehr gute Beurteilung):

»XY zeigte bei der Aufgabenbewältigung herausragende Leistungen sowohl in qualitativer als auch in quantitativer Hinsicht.«

Beispiel (mangelhafte Beurteilung):

»XY zeigte sich stets willens, seine Aufgaben termingerecht zu beenden.«

Besondere Arbeitserfolge

Da Arbeitszeugnisse auf die individuelle Arbeitsleistung und Persönlichkeit des Arbeitnehmers einzugehen haben, sollten besondere Arbeitserfolge gebührend Erwähnung finden.

Einige Beispiele für erwähnenswerte besondere Arbeitserfolge: Beförderungen, Übernahme von Abteilungen bzw. deren Aufbau, erfolgreiche Stellenvertretung über einen längeren Zeitraum, Lösung schwieriger Sonderaufgaben, Leitung von Projekten und Reorganisationsprozessen, Einhalten von Terminen unter besonders schwierigen Arbeits- oder Rahmenbedingungen, Umsatz- und Gewinnsteigerung, Kostensenkung, Verbesserungsvorschläge, Erfindungen, Veröffentlichungen.

Fachwissen/Weiterbildungsmotivation

Da das heutige Fachwissen eine äußerst geringe Halbwertzeit hat, bei schneller Überschreitung des Verfallsdatums, ist die persönliche Weiterbildungsbereitschaft von größter Bedeutung. Sie muss im Arbeitszeugnis genauso dokumentiert werden wie andere Arbeitstugenden, wobei zu berücksichtigen ist, dass ein Pförtner anderen Maßstäben unterliegt als ein Topmanager.

Mitarbeiter-Führungskompetenz

Hier geht es ausschließlich um die Beurteilung der Führungsleistung von Vorgesetzten, die neben der persönlichen Fachleistung wichtigster Qualitätsmaßstab ist. Zu welchem Arbeitsergebnissen konnte die Führungskraft die ihr anvertrauten Mitarbeiter motivieren? Zentraler Faktor ist dabei die soziale Kompetenz. Im Wesentlichen geht es um

- Sensibilität
  d. h. Einfühlungsvermögen, Probleme und Gefühle anderer erkennen und berücksichtigen, über eine realistische Einschätzung der Wirkung der eigenen Person auf andere verfügen.
- Kontaktfähigkeit
  d. h. auf andere zugehen können, leicht ins Gespräch kommen, Offenheit bezüglich eigener Ziele, Absichten und Methoden, einen vertrauensvollen und hilfsbereiten Umgang mit anderen praktizieren.
- Kooperationsfähigkeit
  d. h. Aufgreifen und Weiterführen der Ideen anderer, sich nicht allein auf Kosten anderer durchsetzen, in der Lage sein, Erfolge zu teilen, weitestgehender Verzicht auf Konkurrenzdenken, Machtinteressen und Rivalität.
- Integrationsvermögen
  d. h. Ursachen von Konflikten erkennen und Lösungen anstreben. Unterschiedliche Interessen zielgerichtet »kanalisieren«, ohne Aufgabe des eigenen Konzepts.
- Selbstkontrolle
  d. h. auf Angriffe nicht sofort aggressiv reagieren, andere nicht unnötig provozieren, in der Stimmungslage berechenbar sein.

Wichtige Führungsaspekte sind dabei u. a.
- Kompetenzumfang, Dauer sowie Ebene der Führungsfunktion
- Anzahl und Qualifikation der unterstellten Mitarbeiter
- das auf Grund der Führung erzielte Gruppen- und Abteilungsleistungsergebnis
- Arbeitszufriedenheit, Klima und Zusammenhalt der Gruppenmitglieder
- Führungsstil und Mitarbeitermotivation
- Delegationsvermögen
- Informationsbereitschaft
- Erfolge bei der Mitarbeiterauswahl und -förderung.

Besonders wichtig ist gerade an dieser Stelle, was das Zeugnis verschweigt. Für die Interpretation kommt es also auch auf die Auslassungen an – in der Fachsprache als »Leerstellentechnik« oder »beredtes Schweigen« bezeichnet. Die knappe Aussage, »XY war seinen Mitarbeitern stets ein guter Vorgesetzter« ohne Hinzufügung einer positiven Aussage zum Leistungsergebnis seiner Mitarbeiter ist ein deutlicher Hinweis darauf, dass sowohl Erfolglosigkeit als auch mangelnde Führungskompetenz vorliegen.

Beispiel (sehr gute Beurteilung):
»XY motivierte seine Mitarbeiter durch fach- und personenbezogene Führung zu außerordentlichen Leistungen und übertraf damit regelmäßig die gemein-

sam festgelegten Quoten. Hervorzuheben ist sein persönliches Engagement, mit dem er systematisch für Mitarbeiter-Weiterbildungsmaßnahmen sorgte.«
Beispiel (mangelhafte Beurteilung):
»XY war seinen Mitarbeitern stets ein guter Vorgesetzter, immer bemüht, klare Anweisungen zu geben und alle Arbeiten zu koordinieren.« (Leerstellentechnik!)

Zusammenfassende Leistungsbeurteilung

Wer kennt ihn nicht, den entscheidenden Satz:

»XY arbeitete stets/jederzeit/in jeder Hinsicht/immer zu unserer vollsten Zufriedenheit.«

Auch wenn der Superlativ »stets zur vollsten Zufriedenheit« grammatikalisch nicht korrekt ist (voller als voll geht nicht!), hat sich diese Formulierung bei der Beurteilung sehr guter Mitarbeiter durchgesetzt.

Alternative Formulierungen (z. B. statt »Zufriedenheit« das Wort »Anerkennung«) durch die komplette Noten- und damit Zufriedenheitsskala haben wir schon eingangs benannt (s. S. 38 ff.). Sie finden Sie auch in dem ausführlichen Text-Beispiel-Teil (S. 132, 146, 163 ff.).

Hier noch einmal eine Kurzübersicht zur gängigen Zufriedenheitsskala:

absolut sehr gut:	*stets zu unserer vollsten Zufriedenheit*
wirklich gut:	*stets zu unserer vollen Zufriedenheit*
noch ziemlich gut:	*zu unserer vollsten Zufriedenheit*
eher knapp befriedigend:	*zu unserer vollen Zufriedenheit*
kaum noch ausreichend:	*zu unserer Zufriedenheit*
absolut mangelhaft:	*im Allgemeinen zu unserer Zufriedenheit*

Immer häufiger verzichten die Zeugnisaussteller auf eine differenzierte Beurteilung der verschiedenen Leistungsaspekte (Arbeitsbereitschaft, -befähigung, -weise usw.) und begnügen sich mit einer eher summarischen Aussage zur Leistungsbeurteilung. Gerade bei langjährigen und auch bei qualifizierten Mitarbeitern muss/kann dies negativ interpretiert werden. Achten Sie als Beurteilter darauf und bitten Sie den Aussteller um Veränderung!

Verhaltensbeurteilung

Hier geht es um das Sozialverhalten des Mitarbeiters am Arbeitsplatz, unter Berücksichtigung seiner Beziehung zu Vorgesetzten, aber auch zu seinen Kollegen, gegebenenfalls zu den ihm unterstellten Mitarbeitern und (eventuell) Dritten (z. B. Kunden, Lieferanten usw.). Das Gesetz verlangt für das qualifizierte Zeugnis eine Aussage über die dienstliche Führung des Arbeitnehmers, und auch Arbeitgeber legen auf eine positive soziale Kompetenz ihrer Mitarbeiter zunehmend Wert.

Bei der Formulierung dieser Kategorie kommt es auf die Einhaltung der Reihenfolge an: Verhalten gegenüber 1. Vorgesetzten, 2. Kollegen und ggf. 3. sonstigen Personengruppen gegenüber. Dies ist die klassische und immer noch am häufigsten verwendete Form, die Problemlosigkeit, Unauffälligkeit vermittelt.

Bisweilen kann man aber auch eine Reihenfolge sehen, die die Kunden (nach dem Motto: bei uns ist der Kunde König! Typischerweise Banken und Versicherungen) ganz an den Anfang stellt, beispielsweise in einem Arzt-Zeugnis, das die Patienten zu erst nennt. Hieraus darf nicht auf eine versteckte, kritische Mitteilung geschlossen werden.

Die Einhaltung der Reihenfolge (streng hierarchisch oder wie im Kunden-/Patienten-Beispiel X und dann die übliche Hierarchie) signalisiert eine »reibungslose«, konfliktfreie Führung, will heißen: das Verhalten (oder Betragen, wie es in der Schule heißt) gegenüber den in richtiger Reihenfolge aufgelisteten Personengruppen ist in Ordnung gewesen.

Durch das »Weglassen« wichtiger Bezugspersonen bzw. einer Umstellung der genannten Reihenfolge werden deutliche Signale für die Zeugnisinterpretation gegeben.

Eine positive Standardformulierung ist: »Das Verhalten von XY gegenüber Vorgesetzten und Kollegen war stets einwandfrei.«

Besonders für Mitarbeiter, deren Aufgabenbereiche in der Organisation und in den Bereichen Produkt- und Projektmanagement liegen, ist eine ausführlichere Beschreibung ihres positiven Sozialverhaltens von großer Wichtigkeit. Dies gilt selbstverständlich auch für Führungskräfte und Außendienstmitarbeiter mit direkten Kundenkontakten.

Der Umgang mit Kunden (Mandanten, Patienten usw.), Lieferanten, Behörden, Publikum und Besuchern ist je nach Tätigkeitsbereich (z. B. PR-Abteilung oder Empfang) eine wichtige Zeugniskomponente, die eigentlich schon in den Leistungsbereich gehört. Denn soziale Qualifikationen in diesem Zusammenhang gehören zum »Arbeitshandwerkszeug« und fallen in den Kompetenzbereich. Ein Weglassen legt den Verdacht nahe, gezielt etwas »zwischen den Zeilen« vermitteln zu wollen.

Weitere Verhaltensaspekte wie Teamfähigkeit, Kontaktvermögen, hohe Kommunikations- und Hilfsbereitschaft, Aufgeschlossenheit und Loyalität können sehr wohl auch bei der Beurteilung des Sozialverhaltens Erwähnung finden.

Demgegenüber sind Verhaltensbeurteilungen wie »ehrlich«, »fleißig« und »pünktlich« recht antiquiert und finden heutzutage eigentlich keine Verwendung mehr, wenn es um Arbeitnehmer mit qualifizierteren Arbeitsaufgaben geht. Es sei denn, um bewusst darauf aufmerksam zu machen, dass Berichtenswertes sonst nicht vorhanden ist bzw. nicht geschrieben werden darf.

Beispiel (sehr gute Beurteilung):

»XY zeigte ein stets vorbildliches Verhalten. Von Vorgesetzten, Kollegen und Geschäftspartnern wird er gleichermaßen sehr geschätzt. Aktiv fördert er die Zusammenarbeit, übt und akzeptiert sachliche Kritik, ist jederzeit hilfsbereit und stellt auch, wenn erforderlich, seine persönlichen Interessen hinter denen des Unternehmens zurück.«

Beispiel (mangelhafte Beurteilung):

»XYs persönliches Verhalten gegenüber Kunden und Kollegen war in der Regel ohne Beanstandung.« (Reihenfolge- und Weglasstechnik!)

Abschluss

Ähnlich wie manche Leser von Kriminalromanen auf der letzten Seite zu lesen beginnen, schauen Personalchefs beim Studium eines Arbeitszeugnisses gern zuerst auf den Abschluss mit den Angaben zu den Gründen der Beendigung des Arbeitsverhältnisses, der so genannten Dankes-Bedauerns-Formel und der Formulierung von Zukunftswünschen (vgl. S. 47 f.). Auch hier steckt der Teufel im Detail.

Beendigungsgrund

Fünf Hauptgründe können zur Beendigung des Arbeitsverhältnisses führen:

1. ordentliche/außerordentliche Kündigung durch den Arbeitnehmer
2. ordentliche/außerordentliche Kündigung durch den Arbeitgeber
3. Beendigung des Arbeitsverhältnisses im beiderseitigen Einvernehmen durch Aufhebungsvertrag oder gerichtlichen Vergleich
4. Ablauf eines zeitlich befristeten Arbeitsvertrages (z. B. auch Ausbildung)
5. Vertragsbruch durch plötzliches Ausscheiden ohne Einhalten der Kündigungsfrist seitens des Arbeitnehmers

Der wohl am häufigsten zu lesende Satz: »XY verlässt uns auf eigenen Wunsch« entspricht wohl kaum in diesem Maß der Arbeitsalltagsrealität.

Die gesetzlichen Vorschriften bezogen auf die Erstellung eines qualifizierten Arbeitszeugnisses sagen nichts zur Kündigungsinitiative, den Modalitäten und den Beweggründen. Juristen gehen davon aus, dass die Gründe für die Beendigung des Arbeitsverhältnisses und die Kündigungsart nicht in das Zeugnis aufgenommen werden dürfen.

Lediglich auf Wunsch des Arbeitnehmers im Fall eines von ihm ausgehenden Kündigungswunsches und bei einer betriebsbedingten Kündigung müssen der Grund im Zeugnis erwähnt werden. Nach einer gerichtlichen Auseinandersetzung, die in einem Vergleich mündet, kann der Arbeitnehmer eine Aussage über die Beendigung des Arbeitsverhältnisses im beiderseitigen Einvernehmen verlangen.

So darf eine fristlose Kündigung von Arbeitgeberseite selbstverständlich nicht im Zeugnis angeführt werden. Der kundige Leser entnimmt dies dem »krummen« Datum, mit dem das Ende des Arbeitsverhältnisses terminiert wird (z. B. 19.5.2002). Auch Abschlusssätzen wie »Das Arbeitsverhältnis endet am . . . « ist zu entnehmen, dass einiges schief gelaufen ist, sodass die Beendigungsformel neben der Leistungseinschätzung eine hohe Aussagekraft hat.

So werden auch gute Zeugnisse völlig entwertet, wenn am Ende entsprechende Floskeln wie »Auf eigenen Wunsch« bzw. »einvernehmlich« fehlen.

(Beispiele im nächsten Abschnitt)

Dankes-Bedauern-Zukunfts-Formel

Nach einem Urteil des Hessischen Landesarbeitsgerichtes[1] kann der Arbeitgeber gezwungen werden, am Ende des Zeugnisses dem Mitarbeiter für geleistete Arbeit zu danken, ein Bedauern über sein Ausscheiden und alle guten Wünsche für die Zukunft auszusprechen, wenn es sich um ein sehr gutes bis gutes Zeugnis handelt.

Es ist heutzutage jedoch für alle Arbeitnehmer ratsam, dass diese Abschlussformel im Zeugnis enthalten ist. Die Art der Formulierung (und wieder auch: Weglassungen, z. B. der Zukunftswünsche) lassen erhebliche Rückschlüsse auf die Wertschätzung von Seiten des Arbeitgebers zu und werden somit zu einem wichtigen, wenn nicht sogar entscheidenden Weichensteller für die Gesamtinterpretation. Profis achten deshalb bei der Zeugnislektüre zunächst auf diese letzte Passage, um so mit der richtigen Einstimmung das »Gesamtwerk« zu lesen.

Leider muss an dieser Stelle angemerkt werden, dass es Firmen mit dem Standpunkt gibt, sie könnten das Ausscheiden eines Mitarbeiters nie bedauern. Hier sind wohl alle Bemühungen von Seiten des Arbeitnehmers vergeblich.

Die Äußerung von Verständnis für die vom Arbeitnehmer initiierte Kündigung ist eher eine freundliche Ausnahme und als eine sehr wohlwollende Geste zu interpretieren. Eine Steigerung liegt dann vor, wenn darüber hinaus eine (referenzartige) Empfehlung oder sogar eine Wiedereinstellungszusage das Zeugnis in diesem Schlussabschnitt ziert. Dies ist jedoch immer seltener zu lesen.

Beispiel (sehr gute Beurteilung):

»XY verlässt uns auf eigenen Wunsch, um sich einer neuen Aufgabe zu stellen. Wir bedauern dies sehr und danken ihm für seine engagierte Mitarbeit. Für seine berufliche und private Zukunft wünschen wir ihm weiterhin viel Erfolg und alles Gute.«

Beispiel (mangelhafte Beurteilung):

»Das Arbeitsverhältnis zwischen XY und unserer Firma endet zum 5.5.2002. Wir können ihm unseren Dank für die immer vorhandene Arbeitsbereitschaft hier nicht versagen und wünschen ihm zukünftig alles nur erdenklich Gute.«

Ausstellungsdatum und Unterschrift(en)

Das Ausstellungsdatum signalisiert, in welchem zeitlichen Abstand zum Trennungsdatum das Arbeitszeugnis geschrieben wurde. Im Idealfall sollte das Ausstellungs- mit dem Austrittsdatum übereinstimmen. Bei etwa einem Fünftel aller anlässlich einer Untersuchung analysierten Zeugnisse wurde das Arbeitszeugnis Monate, z. T. Jahre nach dem Ausscheiden aus dem Unternehmen erstellt. Eine Datendiskrepanz wird immer als ein Hinweis auf Schwierigkeiten bei der Beendigung des Arbeitsverhältnisses interpretiert.

Macht ein Arbeitnehmer erst längere Zeit nach Beendigung des Arbeitsverhältnisses seinen Anspruch auf ein Zeugnis geltend, muss er das aktuelle Ausstellungsdatum in Kauf nehmen, und der Leser wird (im noch relativ günstigen Fall) erkennen, dass die Beurteilung aus der Erinnerung heraus geschrieben wurde.

Selbstverständlich muss das Arbeitszeugnis die Unterschrift des Ausstellers tragen. Je höher der Unterzeichende in der Unternehmenshierarchie steht, desto wertvoller wird das Zeugnis für den Beurteilten (wenn es gut ausfällt), aber natürlich auch für den Leser.

Der Zeugnisaussteller muss deutlich ranghöher sein als der Beurteilte, am besten sollte der Firmeninhaber, sein Vertreter oder – bei größeren Unternehmen – sowohl der Personalchef als auch gegebenenfalls der Fachvorgesetzte unterzeichnen.

Bei leitenden Angestellten muss ein Mitglied der Geschäftsleitung unterschreiben, da man andernfalls eine Missbilligung vermuten müsste.

Wir müssen draußen bleiben

Das darf nicht im Arbeitszeugnis stehen

Nachdem wir ausführlich dargelegt haben, welche wichtigen Punkte und Unterpunkte möglichst wohlwollend im Zeugnis enthalten sein sollten, kommen wir jetzt zu der spannenden Frage, was auf keinen Fall im Zeugnis direkt zum Ausdruck gebracht werden darf.

Da der **Verdienst** ein entscheidender Motivationsfaktor für die Arbeit ist, mag es für den einen oder anderen erstaunlich sein, aber: Die Höhe der Vergütung für die erbrachte Leistung des Arbeitnehmers darf im Zeugnis nicht aufgeführt werden.

Die (wirklichen) **Kündigungsgründe** im Rahmen einer vom Arbeitgeber vorangetriebenen Beendigung des Arbeitsverhältnisses dürfen im Zeugnis nicht erwähnt werden, wenn dies nicht im Arbeitnehmerinteresse liegt und nicht von ihm gewünscht wird. Ein Beispiel: Der Arbeitgeber ist mit der Leistung des Arbeitnehmers unzufrieden und spricht eine ordentliche, fristgemäße Kündigung aus, die der Arbeitnehmer auch akzeptiert. Die Gründe, die zur Vertragsauflösung geführt haben, dürfen im Zeugnis aber nicht zum Ausdruck gebracht werden. Anders dagegen, wenn sich der Arbeitgeber auf Grund einer wirtschaftlichen Flaute gezwungen sieht, seinem Mitarbeiter formal korrekt zu kündigen, und dieser wünscht, dass die wirtschaftlich bedingten Umstände für den Personalabbau als Kündigungsgrund im Zeugnis erwähnt werden.

Auch wenn dem Arbeitnehmer zu Recht eine außerordentliche Kündigung ausgesprochen wurde, darf lediglich das Datum der Beendigung des Arbeitsverhältnisses im Arbeitszeugnis stehen, aber nichts Näheres zu den Umständen.

Selbst wenn es zu einem **Vertragsbruch** durch den Arbeitnehmer gekommen ist, darf dies nicht im Zeugnis auftauchen. Anders verhält es sich bei erwiesenen Straftaten und rechtskräftiger Verurteilung bzw. kriminellem Verhalten im aktuellen Arbeitsbereich, z. B. Unterschlagung, sexuelle Straftaten.

Nicht erwähnt werden darf selbst bei wirksamer Entlassung eines Arbeitnehmers der sie auslösende *Verdacht* einer strafbaren Handlung.

Auch **Vorstrafen** gehören selbstverständlich nicht in das Arbeitszeugnis.

Anderes (Fehl-)Verhalten, das zu **Abmahnungen** geführt hat, darf grundsätzlich nicht im Zeugnis aufgeführt werden, wird sich aber in der Verhaltensbeschreibung niederschlagen.

Ein **vorübergehender Leistungsabfall** in persönlichen Krisenzeiten (z. B. Scheidung, Krankheit) darf ebenfalls nicht erwähnt werden, wenn es sich um zeitlich deutlich begrenzte Phasen handelt, und sollte auch möglichst nicht in die Beurteilung der Gesamtleistung Eingang finden.

Erkrankungen und in diesem Zusammenhang entstandene **Fehlzeiten** dürfen nicht im Zeugnis dokumentiert werden. Ausnahme: Die Erkrankung hat zu einer so langen Fehlzeit geführt, dass der Arbeitgeber sich nicht in der Lage sieht, den Arbeitnehmer beurteilen zu können (was wohl aber auch im Zusammenhang mit dem Stichwort »Goodwill« zu sehen ist). Bei ansteckenden Krankheiten oder solchen, die den Arbeitsablauf eventuell gefährden (Standardbeispiel: Epilepsie), sieht es schon etwas anders aus. Hier bewegt sich alles in einer juristischen Grauzone. Wie ein Fachautor formuliert, kann eine Erwähnung im Zeugnis unumgänglich sein, wenn die Erkrankung den Arbeitseinsatz im Unternehmen behindert hat.

Mit Formulierungen wie »trotz seiner gelegentlichen Anzeichen von gesundheitlicher/n Schwäche/Problemen . . . « kann der Versuch unternommen werden, krankheitsbedingte Schwierigkeiten (häufige Bagatelleerkrankungen/massive gesundheitliche Einschränkungen) an exponierter Stelle (Leistungsbeschreibung, ggf. auch Verhalten) durchschimmern zu lassen. Auch diese versteckten Hinweise dürfen eigentlich nicht sein und lohnen eine beherzte juristische Überprüfung auf Arbeitnehmerinitiative hin.

Klar jedoch ist, dass die Erwähnung »HIV-positiv« (Aids) unzulässig ist.

Davon ausgehend, dass **Alkoholabhängigkeit** als Krankheit anerkannt ist, darf sie im Zeugnis auch keine Erwähnung oder Andeutung finden.

Gemäß dem Grundsatz, dass sich das Arbeitszeugnis nur auf Leistung und Verhalten während der Arbeitszeit zu beziehen hat, nicht jedoch auf das Privatleben, ist es unzulässig, einen erhöhten Alkoholkonsum, solange er außerhalb der Dienstzeiten stattfindet und sich nicht auf die Arbeit auswirkt, zu erwähnen.

Probleme treten aber immer dann auf, wenn die Alkoholabhängigkeit so gravierend ist, dass aus ihr auch in den Arbeitszeiten ein Fehlverhalten resultiert. Wer etwa dienstlich viel mit dem Auto unterwegs ist, muss bei einem Alkoholproblem zu Recht befürchten, dass davon etwas ins Zeugnis einfließt. Ein wegen Alkoholmissbrauch gekündigter Kraftfahrer hat z. B. ganz schlechte Karten, weil sich der alte Arbeitgeber vor eventuellen Schadenersatzansprüchen durch den neuen Arbeitgeber schützen will. Aber auch andere alkoholbedingte Probleme am Arbeitsplatz werden oft verklausuliert dargestellt (»Bei XY häuften sich die Fehltage«/»kam es zu Konflikten mit Vorgesetzten/Kollegen«).

Behinderungen, insbesondere der Grad einer Schwerbehinderung, dürfen nicht erwähnt werden. Gleichwohl kann eine ausdrückliche Würdigung der Leistungsfähigkeit trotz einer Behinderung im Arbeitszeugnis bei einer Bewerbung hilfreich sein. Dabei ist allerdings der Eindruck zu vermeiden, dass es sich um ein Gefälligkeitszeugnis handelt. Insgesamt ist der Aspekt Behinderung einer der Zeugnisinhalte, bei dem eine Absprache zwischen Zeugnisaussteller und Beurteiltem besonders sinnvoll erscheint.

Unzulässig ist auch die Information, dass der Beurteilte sich im Lauf des Arbeitsverhältnisses gewerkschaftlich engagiert, insbesondere eine **Betriebsratstätigkeit** (oder vergleichbare Tätigkeit) übernommen hat (Ausnahme: Der Arbeitnehmer wünscht dies selbst).

Auch Formulierungen, die dazu angetan sind, ein derartiges Engagement indirekt zu kommunizieren (z. B. »XY hat sich für die Interessen der Arbeitnehmer innerhalb und außerhalb des Unternehmens engagiert«), sind schon Gegenstand von arbeitsgerichtlichen Auseinandersetzungen gewesen und nicht zulässig. Die berühmte Ausnahme ist der zu beurteilende Betriebsrat, der über einen sehr langen Zeitraum von der Arbeit freigestellt war und für den der Arbeitgeber eine »Entfremdung« vom Arbeitsplatz und somit eine mangelnde Beurteilungsgrundlage der Arbeitsleistung geltend machen kann.

Selbstverständlich dürfen im Arbeitszeugnis keine Informationen über **Partei- und Gewerkschaftszugehörigkeit** oder Mitgliedschaft in sonstigen Interessenverbänden enthalten sein. Das Gleiche gilt für ein **religiöses Engagement**.

Nebentätigkeiten, aber auch Ehrenämter haben im Arbeitszeugnis nichts zu suchen. Das gilt auch für gewährte **Urlaubs- und Fortbildungszeiten**.

Besondere Zeichen, bisweilen als **Geheimzeichen** gehandelt, aber auch Hervorhebungen im Text (Unterstreichungen, Kursivschrift usw.), ebenso Ausrufe-, Frage- und Anführungszeichen sind absolut unzulässig. Unter solchen Merkmalen versteht man auch die Verwendung unüblichen Papiers, eine besondere Farbe, »Häkchen« oder Punkte bei der Unterschrift.

Zeugnissprache und Geheimcodes

… oder die Kunst, zwischen den Zeilen zu lesen

Für die Formulierung eines Arbeitszeugnisses gelten die bereits erwähnten Grundsätze der Wahrheit und des Wohlwollens. Beides ist bekanntermaßen subjektiv. Angesichts der Tatsache, dass Arbeitgeber heutzutage ein erhöhtes Risiko einer arbeitsgerichtlichen Auseinandersetzung eingehen, wenn sie eine offene, deutlich kritische Beurteilung von Leistung und Verhalten ihres Arbeitnehmers zu Papier bringen, hat sich ein unübersehbarer Trend zu freundlich klingenden Zeugnisfloskeln herauskristallisiert, die jedoch keineswegs immer das bedeuten, was sie auf den ersten Blick dem Wortlaut nach auszusagen scheinen.

Bei der Durchsicht eines Zeugnisses gilt umso mehr die Frage: Meint der Verfasser, was er schreibt, und schreibt er, was er meint? Leider müsste die generelle Antwort eher »nein« lauten.

Der Leser eines Zeugnisses steht quasi vor der Aufgabe eines Schriftdeuters, der einen chiffrierten Text – ägyptischen Hieroglyphen vergleichbar – auf die verborgene eigentliche Bedeutung und Botschaft zu untersuchen, zu entschlüsseln und für sich persönlich zu bewerten hat. Dabei muss gleichzeitig analysiert werden, ob der Zeugnisaussteller in der Chiffrierkunst ein Profi ist oder eher ein Laie, der ungeübt, unbeholfen, vielleicht sogar unwissend und ohne jede böse Absicht mehr oder minder das schreibt, was er meint.

Wenn auch unter Arbeitgebern und Personalchefs die Meinung herrscht, dass es gar keine geheime überbetriebliche Absprache über die Bedeutung von Zeugnisformulierungen gäbe, so weiß doch jeder Personal-Fachmann, dass bestimmte Formulierungen ganz andere Botschaften transportieren, als man gemeinhin den Worten entnehmen würde.

Allein am Beispiel der globalen Leistungsbeurteilung (vgl. S. 38 ff., 44 f.) lässt sich schnell und anschaulich verdeutlichen, worum es geht:

»XY hat die ihm übertragenen Aufgaben stets zu unserer vollsten Zufriedenheit erledigt.«

»Wir waren mit den Leistungen von XY zufrieden.«

»XY hat sich bemüht, unseren Erwartungen zu entsprechen.«

Auf die kleinen Worte kommt es an: Die Beschreibung von Zufriedenheit im Arbeitszeugnis ohne weitere Zusätze attestiert lediglich knapp ausreichende Leistungen. Im Gegensatz zur Schule oder zur Universität kommt man aber mit einem »ausreichend« (ja eigentlich auch schon mit einem »befriedigend«) im Arbeitsleben nicht weiter. Mit anderen Worten: Die Arbeitsleistungen sind gut oder besser, oder sie sind schlecht, sprich: Es reicht nicht. Die uns allen bekannte Durchschnittsskala von befriedigend bis ausreichend wird im Arbeitsleben nicht so geschätzt und ist eindeutig dem negativen Bewertungspool (unbefriedigend/»untauglich«) zuzuordnen.

Somit spiegelt die mittlere Aussage »Wir waren mit den Leistungen von XY zufrieden« eine unbefriedigende Wertschätzung der Arbeitsleistung und damit verbunden auch der Person des Beurteilten.

Im Zusammenhang mit dem Adjektiv »voll« oder besser noch »vollst« – einer sprachlichen Steigerung, die grammatikalisch bedenklich ist, sich aber durchgesetzt hat – werden qualifizierte, also bessere Leistungen attestiert. Wichtig: Damit es wirklich »gut« bzw. »sehr gut« bedeutet, bedarf es der Zusätze »stets«, »jederzeit«, »immer« bzw. der Kombination »jederzeit und in jeder Hinsicht«.

Die Formulierungen » . . . bescheinigen wir XY, dass wir mit seinen Leistungen zufrieden waren . . . « oder » . . . hat XY zufriedenstellend gearbeitet . . . « sind Urteile, die sich in ihrer Schlichtheit kaum mehr an der Untergrenze des Akzeptablen bewegen, also bereits eine nicht mehr ausreichende Leistung attestieren. Insbesondere gilt dies, weil die Formulierung »bescheinigen wir« gewählt wurde, schlimmer noch wäre: »können wir bescheinigen«.

Heißt es aber: »XY erledigte die ihm übertragenen Arbeiten im Großen und Ganzen zu unserer Zufriedenheit . . . « oder » . . . wurde XY den ihm übertragenen vielseitigen Aufgaben im Wesentlichen gerecht . . . « oder » . . . entsprachen die Leistungen von XY weitestgehend unseren Erwartungen . . . «, werden damit absolut mangelhafte Arbeitsleistungen attestiert.

Die entsprechenden Negativ-Formulierungen stecken in den Zusätzen: »Im Großen und Ganzen«, »im Wesentlichen«, »teilweise«, »in etwa«.

Noch Schlimmeres wird bescheinigt, wenn man zu Umschreibungen greift wie: »ist bemüht«, »bestrebt« oder »willens«. Auch die Formulierung » . . . hatte Gelegenheit, die gestellten Aufgaben zu unserer Zufriedenheit zu erledigen . . . « oder » . . . zeigte für seine/ihre Arbeit Verständnis . . . « enthalten im Klartext eine krasse Abwertung der Arbeitsleistung und damit ein absolutes Ungenügend.

Aussagen über die persönliche Führung, wie z. B. vorbildliches Verhalten, aufgeschlossenes Wesen, Hilfsbereitschaft sind eigentlich nur mit entsprechendem zeitlichem Zusatz wie »jederzeit« oder »in jeder Hinsicht« positiv zu werten.

Wird aber formuliert: » . . . können wir bestätigen, dass sein Verhalten gegenüber Kollegen und Kunden einwandfrei war . . . « oder » . . . . bestätigen wir, dass das persönliche Verhalten von XY einwandfrei war . . . « (alternativ: » . . . gab es zu Beanstandungen keinen Anlass . . . «) steckt hier der bös-kritische Hinweis auf Fehlverhalten in der Tatsache, dass im ersten Beispiel nichts über das Verhalten gegenüber dem Vorgesetzten gesagt wurde.

Gemeint ist: Achtung – hier gab/gibt es Probleme. Auch sind die beiden letzten Formulierungen so knapp (insbesondere der ausdrückliche Hinweis »müssen wir bestätigen«), dass sie die denkbar schlechteste Benotung bedeuten.

Aber selbst dabei kann es noch Steigerungsformen geben, z. B. durch den Hinweis ». . . war im Wesentlichen . . . « bzw. » . . . gab selten zu Beanstandungen Anlass . . . «.

Zeugnisaussteller können ihre Unzufriedenheit auch in einer Art beredtem Schweigen, durch die Kunst der Weg- und Auslassung zum Ausdruck bringen:

». . . XY war fleißig und ehrlich . . . Darüber hinaus verfügt XY über ein bemerkenswertes Bildungsniveau, das ihn stets zu einem interessanten Gesprächspartner machte. Seine Kolleginnen und Kollegen schätzten ihn insbesondere wegen seiner mannigfachen Fähigkeiten und seines humorvollen Wesens. Auch in schwierigen Situationen kam XY seine freundliche Gelassenheit zugute . . . «

Dieses vermeintlich wohlwollend-lobend klingende Traktat ist in Wahrheit ein Faustschlag ins Gesicht. Es fängt damit an, dass die – falls überhaupt aufgeführte – eigentlich nur als Trias zu verwendende Beschreibung Ehrlichkeit, Pünktlichkeit und Fleiß hier eine böse Lücke aufweist und damit grobe Unpünktlichkeit und Unzuverlässigkeit signalisiert. In einer etwas anspruchsvolleren Position dürften diese Beschreibungskriterien übrigens gar nicht erst auftauchen, weil sie beschreibungsunwürdig sind, es sei denn, man möchte jemandem schaden.

Der »interessante Gesprächspartner« bedeutet in der Interpretation Geschwätzigkeit, das humorvolle Wesen: unangenehmer Witzbold und die bescheinigte »freundliche Gelassenheit in schwierigen Situationen« heißt soviel wie: Der Beurteilte leistete passiven Widerstand.

Was wird auf Arbeitgeber- und Auswählerseite an Ihrem Arbeitszeugnis analysiert? Da geht es zunächst um den formalen Rahmen, um Angaben über Art und Inhalt Ihrer Tätigkeit, Leistung und Führung, die Einschätzung Ihres Arbeitserfolges, eine Bewertung Ihres interpersonellen betrieblichen Verhaltens, den Kündigungs- bzw. Ausscheidungsgrund sowie um einen Gesamteindruck, der sich aus verschiedenen Aspekten zusammensetzt.

Für die Interpretation Ihres Arbeitszeugnisses wird herangezogen, wie was gesagt bzw. nicht gesagt, d. h. weggelassen wird. Da, wie schon betont, Arbeitszeugnisse einerseits wohlwollend zu formulieren sind, um das berufliche Fortkommen des Arbeitnehmers nicht unnötig zu erschweren, andererseits aber auch die Aussagen der Wahrheit entsprechen müssen, hat sich eine bestimmte Zeugnis-Codesprache entwickelt, deren Inhalte wirklich ganz anders klingen, als sie gemeint sind.

Die nachfolgende Übersicht gibt einen weiteren Einblick in die Interpretation von Standardformulierungen und ihre wirklichen Bedeutungen:

Arbeitsleistung

»... erledigte alle Arbeiten mit großem Fleiß und Interesse ... «
= Eifer ja, aber kein Erfolg.

»... hat alle übertragenen Arbeiten ordnungsgemäß erledigt ... «
= ein Bürokrat ohne Eigeninitiative.

»... möchten wir seine Fähigkeit hervorheben, die Aufgaben mit vollem/großem Erfolg zu delegieren ... «
= Drückeberger.

»... hat sich im Rahmen seiner Fähigkeiten eingesetzt ... «
= äußerst schwache Leistung.

»... hat sich bemüht, den Anforderungen gerecht zu werden ... «
= Versager.

»... zeigte für die Arbeit Verständnis ... «
= Faulpelz.

»... erledigte die übertragenen Arbeiten mit Fleiß und war stets willens, sie termingerecht zu beenden ... «
= absolut mangelhafte Leistungen.

»... hat sich mit großem Eifer an diese Aufgabe herangemacht und war auch erfolgreich ... «
= leider dennoch mangelhafte Leistungen.

»... schätzen wir ihn als einen eifrigen Mitarbeiter, der die ihm gemäßen Aufgaben schnell und sicher bewältigen kann ... «
= hat leider nichts drauf.

»... müssen wir ihm bescheinigen, dass er sich den ihm übertragenen Aufgaben mit Eifer gewidmet hat ... «
= Pechvogel, ohne jeden Erfolg.

»... verfügt über Fachwissen und zeigt ein gesundes Selbstvertrauen ... «
= geringe Fachkenntnisse, aber »große Klappe«.

»... hat unserem Unternehmen großes Interesse entgegengebracht ... «
= aber nichts geleistet.

»... zeigte er sich den Belastungen gewachsen ... «
= die Nerven liegen schnell blank.

»... koordinierte er die Arbeit seiner Mitarbeiter und gab klare Anweisungen ... «
= schlechte Führungs- und Vorgesetztenqualität.

Verhaltensbeurteilung

»… ist ein zuverlässiger/gewissenhafter Mitarbeiter …«
= er ist da, wenn man ihn braucht, aber keineswegs immer brauchbar.

»… hat nie zu Klagen Anlass gegeben …«
= kann aber auch nicht gelobt werden.

»… war tüchtig und wusste sich gut zu verkaufen …«
= ein unangenehmer Mitarbeiter und Zeitgenosse.

»… war wegen seiner Pünktlichkeit stets ein gutes Vorbild …«
= eine totale Niete.

»… lernten wir ihn als umgänglichen Kollegen kennen …«
= man sah ihn lieber von hinten als von vorn,
oder: keine Personalbetreuungs- und Führungsfähigkeiten.

»… war bei unseren Kunden schnell beliebt …«
= kein Standing bei Kunden.

»… wann immer Probleme auftraten, zeigte er sich stets kompromissbereit …«
= zu starke Nachgiebigkeit.

»… trug durch seine Geselligkeit zur Verbesserung des Betriebsklimas bei …«
= Vorsicht, Alkoholiker!

»… durch seine anpassungsfähige und freundliche Art war er im Unternehmen sehr geschätzt …«
= hat während der Dienstzeit Probleme mit Alkohol.

»… bewies stets Einfühlungsvermögen für die Belange der Belegschaft …«
= Vorsicht, sucht Sexkontakte mit Kollegen bzw. Kolleginnen!

»… bewies ein umfassendes Einfühlungsvermögen für die Belegschaft …«
= ist homosexuell veranlagt.

»… galt im Kollegenkreis als toleranter Mitarbeiter …«
= für seine Vorgesetzten ein harter Brocken.

»… ist mit seinem Vorgesetzten gut zurechtgekommen …«
= ein Mitläufer, der sich gut zu verkaufen weiß.

»… ist sowohl innerhalb als auch außerhalb unseres Betriebes engagiert für die Interessen der Kollegen/Arbeitnehmer eingetreten …«
= Vorsicht, Betriebsratsmitglied/gewerkschaftliches Engagement!

»… verstand er es stets, seine Interessen in unserem Unternehmen durchzusetzen …«
= unangenehmer, kompromissunfähiger Typ.

Abschluss

» . . . haben wir uns im gegenseitigen Einvernehmen getrennt . . . «
= dem Arbeitnehmer musste das Ausscheiden nahe gelegt werden, sonst wäre er gekündigt worden.

» . . . unsere besten Wünsche begleiten ihn . . . «, » . . . wünschen ihm für die Zukunft alles nur erdenklich Gute . . . «, » . . . wir wünschen ihm alles Gute, vor allem Gesundheit . . . «
= Entwertung des Zeugnisses durch ironische Schlussformulierungen.

» . . . wünschen wir ihm für den weiteren Weg in einem anderen Unternehmen viel Erfolg . . . «
= bloß gut, dass wir ihn endlich los sind!

» . . . für seine Mitarbeit bedanken wir uns . . . «
= . . . und tschüß!

» . . . wünschen wir ihm, dass er zukünftig auf seinem Berufs- und Lebensweg viel Erfolg hat . . . «
= bei uns hatte er ihn leider nicht.

Auf den Punkt gebracht umfassen die Zeugnis-Verschlüsselungstechniken folgende Methoden:

- Wichtige und notwendige Zeugnisinhalte fehlen bzw. werden bewusst weggelassen (Stichwort »beredtes Schweigen«).
- Selbstverständliches wird über Gebühr betont.
- Entwertungen werden durch die Reihenfolge signalisiert, indem Unwichtiges vor Wichtigem rangiert.
- Einschränkungen räumlicher oder zeitlicher Art bringen eine Geringschätzung zum Ausdruck.
- Mehrdeutigkeiten werden bewusst eingesetzt, um negative Vorkommnisse oder Eigenschaften anzudeuten.
- Die häufige Verwendung der Passivform soll auf mangelnde Aktivität und Eigeninitiative aufmerksam machen.
- Der Einsatz des Stilmittels Verneinung bedeutet in der Regel das Gegenteil des Gesagten.
- Die lediglich kurze, knappe Würdigung oder Abhandlung einzelner inhaltlicher Punkte dokumentiert eine Geringschätzung.
- Fast karikierende Übertreibung und Ironie sind deutliche Warnsignale in Richtung massiv fehlender Wertschätzung bzw. Entwertung des gesamten Zeugnisses.

Last but not least: Mit welcher Kompetenz ist der Unterzeichnende ausgestattet – hat die Sekretärin oder der Vorstandsvorsitzende unterschrieben, ist der bzw. sind die Namen gut lesbar oder wirkt es, als ob ein betrunkenes Huhn über ein Tintenfass gestolpert wäre?

Und nicht vergessen: Ein *zu gutes* Zeugnis ist ebenso wie ein zweifelhaftes (das beginnt bereits beim durchschnittlich befriedigenden) nicht dazu angetan, Ihnen wirklich Türen zu öffnen. Sie sind am besten mit einem schlichten guten Arbeitszeugnis bedient.

Worauf Personalchefs bei der Zeugnisanalyse achten

Vorgelegte Arbeitszeugnisse sind für Personalchefs wichtige Mosaiksteine bei der Auswahl von zukünftigen Mitarbeitern. Ihr Aussagewert darf keinesfalls unter-, aber auch selbstverständlich nicht überschätzt werden.

Ein wichtiger Einschätzungs- und Beurteilungsaspekt ist am Ende des Zeugnisses sehr schnell zu erfassen, deshalb geht der Blick zuerst hierhin: Wie kommt es zur Auflösung des Arbeitsverhältnisses? Wie sieht die Dankes-Bedauerns-Formel aus und wie werden die Zukunftswünsche formuliert? Wer hat unterschrieben? »Passt« das Datum?

Ergeben sich hier keine Auffälligkeiten, werden andere Zeugnisaspekte überprüft: Was steht zwischen den Zeilen, was wird zu suggerieren versucht? Sind es die üblichen Standardfloskeln – mehr oder weniger ausführlich –, oder kommt bei genauer Aufgabenbeschreibung eine individuell formulierte Wertschätzung zum Ausdruck?

Auftretende Fragen muss der Beurteilte in einem Vorstellungsgespräch zur Zufriedenheit beantworten, gegebenenfalls werden auch dann ergänzende telefonische Auskünfte beim früheren Arbeitgeber eingeholt.

Bei einer längeren Beschäftigungsdauer (ab drei Jahren) darf man mit Recht ein ausführlicheres Zeugnis erwarten. Kurze Zeugnistexte bzw. einfache Zeugnisse (im Gegensatz zu qualifizierten) werden deutlich kritisch bewertet.

Klar als negativ zu identifizierende Formulierungen wie » . . . hat sich im Großen und Ganzen sehr bemüht . . . « reduzieren die Chancen, zu einem Vorstellungsgespräch eingeladen zu werden, auf Null.

Handelt es sich um ein nur befriedigendes Zeugnis, ist die Wahrscheinlichkeit, eingeladen zu werden, bereits nicht unerheblich eingeschränkt. Von Bedeutung ist aber auch die Aufgabenbeschreibung und deren Übereinstimmung mit dem Anforderungsprofil der zu besetzenden Stelle.

Ferner achten viele Personalchefs unter der Voraussetzung, dass die bereits genannten Zeugnisbeurteilungskriterien positiv ausgefallen sind, darauf, ob bei mehreren vorgelegten Zeugnissen eines Bewerbers durchgängig gleiche Tendenzen erkennbar sind.

Die Checkliste: Ihr Zeugnis auf dem Prüfstand

Eine kurze Zusammenfassung sagt, auf was es wirklich ankommt. Oder – mit Bertolt Brecht: Prüfen Sie die Rechnung, denn Sie müssen sie bezahlen. Worauf ist zu achten:

Formales

- Ist Ihr Zeugnis auf Firmenpapier (ohne Anschriftenfeld!) mit entsprechender Überschrift fehlerfrei getippt?
- Enthält es formal richtig Ihre persönlichen und arbeitsbezogenen Daten?
- Ist das Zeugnis von einer hierarchisch klar über Ihnen stehenden Person mit Vertretungsvollmacht unterschrieben worden?
- Sind der Name des Unterzeichners und seine Position maschinenschriftlich wiederholt und damit gut lesbar?
- Stimmt das Ausstellungsdatum mit dem Datum des Ausscheidens aus dem Unternehmen überein (bzw. ist die Differenz nur gering)?
- Können Sie Merkwürdigkeiten im Hinblick auf Kenn- bzw. Geheimzeichen entdecken (Punkte, Striche etc.)?

Positions-, Aufgaben- und Tätigkeitsbeschreibung

- Sind Art und Inhalt Ihrer Tätigkeit ausführlich geschildert, sodass sich ein Dritter ein zutreffendes Bild von Ihren Arbeitsaufgaben machen kann?
- Stimmen Stellenbeschreibung und Tätigkeitsbeschreibung im Zeugnis inhaltlich überein? Wird die Haupttätigkeit angemessen beschrieben? Sind die (eventuell unterschiedlichen) ausgeübten Tätigkeiten in der richtigen zeitlichen Abfolge aufgeführt?
- Sind besonders qualifizierende Tätigkeiten entsprechend detailliert dargestellt?
- Werden Selbstständigkeit und Eigenverantwortlichkeit angemessen betont?
- Ist Ihre Teilnahme an betrieblichen Fort- und Weiterbildungsveranstaltungen erwähnt worden?
- Wirkt die Aufgaben- und Tätigkeitsbeschreibung Ihrer Beschäftigungszeit entsprechend angemessen, oder ist sie eher knapp und lieblos?
- Enthält Ihre Tätigkeitsbeschreibung Formulierungen, die man abwertend in-

terpretieren könnte, die mehrdeutig auszulegen sind, die eher Selbstverständlichkeiten oder Nebensächlichkeiten in den Vordergrund stellen, unangemessen ausführlich beschreiben?

Leistungsbeurteilung

- Welche Leistungen, Verhaltensweisen oder Eigenschaften finden besondere lobende Erwähnung?
- Welcher Grad der Zufriedenheit mit Ihrer Arbeitsleistung wird (zusammenfassend) formuliert?
- Achtung: Was wird weggelassen, welche Nebensächlichkeiten werden in den Vordergrund gerückt?
- Werden Kenntnisse und Können beschrieben und bewertet?
- Werden Arbeitsweise, -tempo und -ergebnisse entsprechend gewürdigt?
- Attestiert man Ihnen und Ihrer Arbeit auch entsprechenden Erfolg?
- Wie verhalten sich Einzelbeurteilungen zur Gesamtbewertung? – Achtung: Gibt es Aussagen, die Einschränkungen, wie »im Großen und Ganzen«, »im Allgemeinen«, »im Wesentlichen«, enthalten?
- Werden berufsrelevante Eigenschaften stillschweigend übergangen bzw. nicht gelobt?

Verhaltensbeurteilung

- Wird Ihr Verhalten (in dieser Reihenfolge!) gegenüber Vorgesetzten, Kollegen, (Mitarbeitern), Kunden (o. Ä.) beschrieben?
- Oder wird Ihr Verhalten bestimmten Personengruppen gegenüber besonders betont, während andere weggelassen werden?
- Gibt es doppeldeutige Aussagen, die Ihr Verhalten gegenüber Vorgesetzten, Kollegen, (Mitarbeitern), Kunden, Kooperationspartnern beschreiben?
- Attestiert man Ihnen Personalkompetenz, d. h. den richtigen Umgang mit Mitarbeitern, für die Sie verantwortlich sind?
- Was sagt Ihr Zeugnis über Ihre Fähigkeit aus, andere Menschen zu führen?
- Wie beurteilt man Ihre Verantwortungs- und Delegationsbereitschaft?
- Welche Aussagen gibt es über Ihre Fähigkeit, Ihre Mitarbeiter zu motivieren?
- Welche Formulierungen finden sich hinsichtlich Ihrer organisatorischen Fähigkeiten?
- Wie ist Ihr Informationsverhalten gegenüber Vorgesetzten und Mitarbeitern bewertet?
- Wie ist die zusammenfassende Verhaltensbeurteilung formuliert?

Abschluss

- Steht in Ihrem Zeugnis, dass Sie auf eigenen Wunsch gekündigt haben bzw. den Arbeitgeber verlassen?
- Bedauert das Unternehmen Ihr Ausscheiden?
- Dankt man Ihnen für die geleistete Arbeit?
- Spricht man Ihnen gute Wünsche für die Zukunft aus?

Gesamteindruck

- In welchem Tenor ist Ihr Zeugnis geschrieben (wohlwollend und warm, kühl, kurz, knapp, verkomplizierend, in langen und schwer nachzuvollziehenden Sätzen, Floskeln bzw. allgemeinen Redewendungen oder mit präzisen, klaren Informationen und Formulierungen)?
- Stimmen Orthografie, Grammatik und Interpunktion?
- Entdecken Sie Anführungs-, Ausrufe- und Fragezeichen (dürfen in Arbeitszeugnissen nicht vorkommen)?
- Steht der Umfang des Zeugnisses in Relation zur Dauer der Firmenzugehörigkeit und Ihrer Position?

Mit einem Zwischenzeugnis den Status quo absichern

Was früher in der Schule die Funktion des Halbjahreszeugnisses war, stellt in gewisser Weise im Arbeitsleben das Zwischenzeugnis dar: ein vorzeigbares Dokument über die aktuelle Beurteilung von Leistung und Verhalten. Lediglich die automatische Regelmäßigkeit der Zeugniserteilung fehlt.

Andererseits gibt es in vielen Arbeitsbereichen (größere Unternehmen, öffentlicher Dienst) auch regelmäßige Leistungs- und Verhaltensbeurteilungen des Arbeitnehmers – in Gesprächen Vorgesetzter/Mitarbeiter –, die in der Personalakte notiert werden. Diese Beurteilungen haben jedoch bei einer externen Bewerbung für den Arbeitnehmer wenig Dokumentationscharakter bzw. Beweiskraft, weil sie in der Regel in der Personalakte verbleiben, er also nicht frei darüber verfügen kann. Selbst wenn ein schriftliches Ergebnis unternehmensintern festgehalten wird, ist oftmals weder eine Positions- und Aufgabenbeschreibung noch eine Verhaltensbeurteilung darin enthalten. Hinzu kommt, dass bei der Gestaltung und Formulierung interner Beurteilungen im Unterschied zum Arbeitszeugnis keine Wohlwollenspflicht besteht.

Ein gelegentliches Zwischenzeugnis ist also in vielen Fällen selbst bei einer regelmäßigen firmeninternen Beurteilung für den Arbeitnehmer unerlässlich.

Anlässe

Neben der Tatsache, dass ein Arbeitnehmer bereits zum Zeitpunkt der Aussprache einer Kündigung – egal, von welcher Seite die Kündigung erfolgt – einen Anspruch auf ein vorläufiges Arbeitszeugnis hat, ist allgemein anerkannt, dass Arbeitnehmer auch bei anderen triftigen Gründen ein Zwischenzeugnis verlangen können.

Wegen der besonderen Bedeutung des Zwischenzeugnisses für das Arbeitsleben – nicht nur für einen eventuell geplanten Arbeitsplatzwechsel – ist es wichtig, die Anlässe zu kennen. Hier eine detaillierte Übersicht (nach Weuster, A.: Plädoyer für eine Normalisierung des Zwischenzeugnisses, Arbeitsrecht im Betrieb 5/94, S. 280-288):

Bevorstehendes Ende eines Arbeitsverhältnisses

- Kündigung oder abgeschlossener Aufhebungsvertrag
- Auslaufen eines befristeten Arbeitsverhältnisses
- Bevorstehender Ausbildungsabbruch oder -abschluss

Wahrscheinliches oder mögliches Ende eines Arbeitsverhältnisses

- Ankündigen oder In-Aussichtstellen einer Kündigung durch den Arbeitgeber (z. B. bevorstehender Personalabbau, Sozialplan, Betriebsstilllegung, -zusammenlegung oder -verlegung)
- Eröffnung eines Vergleichs- oder Konkursverfahrens
- Beginn von Verhandlungen über einen Aufhebungsvertrag
- Absehbares Ende eines längeren befristeten Arbeitsverhältnisses (z. B. bei Beschäftigungsförderungsmaßnahmen)
- Wunsch des Arbeitnehmers, das Unternehmen in absehbarer Zeit zu verlassen (so genannter Abkehrwille)
- Änderungskündigung
- Freistellung oder Suspendierung
- Beginn eines Überprüfungsprogramms des Personalstandes (z. B. durch Hinzuziehung einer Unternehmensberatung)
- Anhaltende wirtschaftliche Krise des Unternehmens oder eines Teils (»rote Zahlen«)
- Länger anhaltende Kurzarbeit
- Erhalt einer Abmahnung
- Aufforderung, an einem innerbetrieblichen so genannten Personalentwicklungsverfahren (Assessment Center) teilzunehmen
- Unklare Aufgaben- und Weiterbeschäftigungssituation in der Endphase eines Groß-Projektes (z. B. bei Wissenschaftlern, Entwicklern, Projektmanagern)
- Übertragung eines anderen (u. U. weniger bedeutsamen) Arbeits- und Aufgabenbereiches (z. B. bei Vertretern: Verkaufsgebietwechsel)
- Veränderung im Provisions- bzw. Prämiensystem oder der Produktpalette bei Außendienstmitarbeitern
- Nichtberücksichtigung bei allgemeiner, turnusgemäßer Einkommenserhöhung
- Erhalt einer objektiv zu schlechten Regelbeurteilung
- Länger andauernde Erkrankung

Inhaltliche Änderung im Arbeitsverhältnis

- Interne Stellenbewerbung
- Wiederholt erfolglose interne Stellenbewerbungen
- Gravierende Veränderungen der Stellenbeschreibung
- Technisch-organisatorische Neuerungen mit weit reichenden Konsequenzen für Arbeitsaufgaben und -ablauf
- Versetzung
- Längere Vollzeitdelegation in einen anderen Arbeitsbereich (insbesondere wenn die Weiterbeschäftigung im alten Bereich unklar ist)
- Beförderung

- Tief greifende Neustrukturierung des Unternehmensgefüges bzw. der Verantwortungsbereiche (insbesondere bei hierarchischer Degradierung oder Verkleinerung des Zuständigkeitsbereiches)
- Wesentliche Veränderung der Entscheidungsbefugnisse
- Abschluss einer Trainee-Ausbildung oder einer längeren Erprobungsphase
- Vorgesetztenwechsel
- Eigentümerwechsel
- Veränderung der Unternehmens-Rechtsform

Unterbrechungen im Arbeitsverhältnis
- Wehr- und Zivildienst
- Freistellung für längere Weiterbildung oder Studium
- Erziehungsurlaub
- Entsendung ins Ausland
- Längere Vollzeitdelegation in überbetriebliche Arbeitsgemeinschaften, Gemeinschaftsunternehmen, Projekte etc.
- Freistellung für Betriebs- oder Personalratsarbeit
- Übernahme eines politischen Mandats

Sonstige Anlässe
- Nachweis für Weiterbildungen, die eine Berufspraxis voraussetzen
- Vorlage bei Behörden, Gerichten, Banken

Wozu ein Zwischenzeugnis gut ist – Chancen und Gefahren

Das Zwischenzeugnis hat vor allem eine Informations- und Werbefunktion für den Arbeitnehmer beim gezielten Einsatz für aktuelle oder zukünftige Bewerbungsvorhaben. Dies gilt vor allem, solange der Bewerber noch kein abschließendes Arbeitszeugnis vorlegen kann. Dabei ist zu bedenken, dass ein abschließendes Arbeitszeugnis meist keine Bedeutung für das aktuelle Bewerbungsvorhaben hat, außer es liegt eine wie auch immer bedingte Unterbrechung vor (z. B. Krankheit, Erziehungsurlaub, Arbeitslosigkeit). Denn Ziel ist es ja fast immer, »nahtlos« von einem Arbeitsverhältnis in das nächste zu wechseln, sodass der neue Arbeitsvertrag bereits verhandelt und gegebenenfalls unterschrieben wird, wenn das alte Arbeitsverhältnis noch nicht beendet ist.

Das Zwischenzeugnis dokumentiert aber auch einen erreichten Status quo der Arbeitsbeziehung und -zufriedenheit. Dieser darf bei einer eventuellen Verschlechterung des »Klimas« (Gründe mag es dafür viele geben) nicht einfach rückwirkend »nach Laune« des Arbeitgebers und Endzeugnis-Ausstellers negativ uminterpretiert werden (»Schließlich bringen Sie schon seit Jahren keine Leistung mehr, Herr Müller, deshalb kriegen Sie von uns auch kein besseres Endzeugnis.«).

Juristen sprechen hier von einer Bindungs- oder Indizwirkung für das Endzeugnis, wenn das Zwischenzeugnis positiv ausfällt (so genannter präjudizierender Aspekt), so könnte etwa durch die Verärgerung über die Kündigung des Arbeitnehmers (unbequemer Zeitpunkt, Verlust eines wichtigen Mitarbeiters, befürchteter Wechsel zur Konkurrenz) die Beurteilung des Arbeitgebers und Zeugnisausstellers für den Empfänger in der Endbeurteilung weniger positiv ausfallen als eigentlich gerechtfertigt. Ein positives Zwischenzeugnis dagegen ist eine große Hilfe bei der Durchsetzung eines guten Endzeugnisses.

Auch wenn der Arbeitgeber nicht verpflichtet ist, im Endzeugnis die gleichen Formulierungen wie im Zwischenzeugnis zu verwenden, so müssten doch gravierende und beweisbare Tatbestände vorliegen, um nach einem guten Zwischen- ein schlechtes Endzeugnis zu rechtfertigen.

So kann z. B. ein aktuelles positives Zwischenzeugnis eine wichtige Rolle in einer eventuellen Kündigungsschutzklage darstellen, wenn es im Gegensatz zu einer personen- oder verhaltensbedingten Kündigung steht.

Kein Wunder, dass manche Unternehmen die Bindungs- und Beweiskraft scheuen, die ein positives Zwischenzeugnis darstellt, und eine gewisse Zurückhaltung bei entsprechenden Arbeitnehmerwünschen an den Tag legen. Hier mögen auch Überlegungen einfließen, den Weggang eines guten Mitarbeiters oder auch nur das Testen seines »Marktwertes« nicht zu sehr zu unterstützen.

Andererseits müssen Personalverantwortliche berücksichtigen, dass die Ausstellung eines aussageschwachen Zwischenzeugnisses oder gar dessen Verweigerung ausgesprochen demotivierend wirken kann.

Nicht unerwähnt sollte bleiben, dass Personalfachleute einem aktuellen positiven Zwischenzeugnis als Anlage zu Bewerbungsunterlagen offenbar eine gewisse Skepsis entgegenbringen. Die Hälfte von ihnen vertrat bei einer Befragung die Meinung, dass ein Zwischenzeugnis nicht selten als Hinweis zu interpretieren ist, der Bewerber könnte Schwierigkeiten an seinem jetzigen Arbeitsplatz haben (Weuster 1995, S. 70).

Daraus ist die Empfehlung abzuleiten, ein Arbeitnehmer möge sich ein Zwischenzeugnis nicht erst anlässlich einer aktuellen Bewerbung ausstellen lassen, sondern schon früher, z. B. bei einem Vorgesetztenwechsel bzw. anderen unbedenklichen Anlässen wie Versetzung, neuer Aufgabenbereich etc. Dieser konkrete Anlass sollte auf jeden Fall als Ausstellungsgrund im Zwischenzeugnis enthalten sein, ebenso wie eine Aussage zur Hoffnung auf eine weitere erfolgreiche Zusammenarbeit. Wird ein solches Zwischenzeugnis etwa ein halbes bis ganzes Jahr später vom Bewerber eingesetzt, läuft er wohl kaum Gefahr, die oben genannte negative Interpretation von Seiten eines potenziellen Arbeitgebers auf sich zu ziehen.

Und noch eine Warnung: Wer als Arbeitnehmer ein Zwischenzeugnis lediglich als eine Art »Drohgebärde« mit warnendem Charakter gegenüber seinem Arbeitgeber einzusetzen gedenkt, vielleicht insgeheim darauf hofft, eine Gehaltsverhandlung (-erhöhung) positiv zu beeinflussen, ist aller Wahrscheinlichkeit nach auf dem Holzweg. Dieses Vorgehen belastet nicht nur die Arbeitsatmosphäre, sondern kann im Extremfall auf Arbeitgeberseite sogar zu Kündigungsfantasien führen (Stichwort: Abkehrwille). Auch wenn diese in der Umsetzung nicht so leicht durchsetzbar sind, sollte man doch eine unnötige Konfrontation vermeiden.

Deshalb noch einmal der Rat: Nutzen Sie möglichst unverfängliche Anlässe, um sich ein Zwischenzeugnis ausstellen zu lassen.

Cheftypen und ihre Zeugnisse

Will man einen Menschen richtig einschätzen, so frage man sich, rät Kurt Tucholsky: Möchtest du den zum Vorgesetzten haben?

Wenn es um Ihr Arbeitszeugnis geht, liegt ja schon einige Zeit im Umgang mit Ihrem Vorgesetzten und jetzt auch Zeugnisaussteller hinter Ihnen. Was immer der Grund war, der Sie bewegt hat, um ein Zeugnis zu bitten, nun kommt »die Stunde der Wahrheit«: An der Art und Weise, wie Ihr Chef mit Ihrer Bitte um ein Arbeitszeugnis umgeht und wie er dieses Zeugnis inhaltlich gestaltet, lernen Sie ihn noch einmal so richtig kennen.

Wenn er (oder sie) ein/e Chef/in mit einem weitgehend unverbogenen Charakter und einem kooperativen Führungsstil ist, dürfte es kaum Probleme geben. Wehe aber, Sie haben es mit einem neurotischen Chef zu tun, für den das Zeugnis ein willkommener Anlass ist, sich zum strengen, unerbittlichen Oberlehrer aufzuspielen oder gar »die Sau rauszulassen«.

Mit welchen Typen von Chefs oder Vorgesetzten und damit Zeugnisausstellern Sie es zu tun bekommen, wollen wir Ihnen in einer kleinen Übersicht der am häufigsten anzutreffenden neurotischen Charaktere vorstellen. Ausgangspunkt ist die Typologie von Persönlichkeitsstörungen, die wir in unserem Buch »Die Neurosen der Chefs« analysiert haben und Ihnen hier in verkürzter Form, zugeschnitten auf die Zeugnisthematik, präsentieren.

Folgende Cheftypen und ihren Zeugnisstil stellen wir Ihnen vor:

- *der Narzisst*
  (Strahlemann und Sonnenkönig, ich und die Firma sind die Größten, alle anderen Idioten)
- *der Zwanghafte*
  (der alles kontrollierende Besserwisser, kleinkariert bis ins Letzte)
- *der Schizoide*
  (unterkühlt, wie ein frisch geöffneter Kühlschrank und vor allem so gut wie nie ansprechbar)
- *der Hysteriker*
  (mehr Schein als Sein, viel heiße Luft, überschwänglich und unbeständig)
- *der Depressive*
  (sorgenvoll, zögerlich, vorsichtig, ängstlich-bemüht, alles vor sich herschiebend)

Im Folgenden wird die jeweils typische Eigenart dieser Charakterstrukturen skizziert. Wir beschreiben, wie sich die jeweiligen Merkmale bei Vorgesetzten speziell bei der Zeugnisausstellung im Umgang mit Arbeitnehmern ausdrücken.

Der Narzisst

Merkmale. Narzisstische Persönlichkeiten sind stark ichbezogen. Der Ausdruck »Narzissmus« geht auf Narkissos zurück, einen schönen Jüngling der griechischen Sage, der sich in sein Spiegelbild verliebte und nach seinem Tod in eine Narzisse verwandelt wurde.

Neben einer Tendenz zur Grandiosität und zur totalen Überbewertung der eigenen Person bestehen hintergründig stets auch Minderwertigkeitsgefühle und ein im Grunde labiles Selbstgefühl. Narzisstische Persönlichkeiten sind übermäßig von der Bewunderung anderer abhängig. Ihre Beziehungspersonen sind aber keine eigenständigen Individuen, sie existieren lediglich, um den Glanz und die vermeintliche Grandiosität des Narzissten widerzuspiegeln oder um sich ihm quasi als Schmuckstück anzubieten. Mit ihren Mitmenschen gehen Narzissten dementsprechend häufig manipulativ, abwertend und ausbeuterisch um. Sie sehen das menschliche Zusammenleben als einen vom Egoismus geprägten Kampf aller gegen alle an.

Charakteristisch ist für sie eine Zweiteilung der Welt, eine vereinfachende Spaltung in »Gut« und »Böse«. Andere Menschen werden von Narzissten entweder als ideal (nur gut) oder bedrohlich (nur böse und schlecht) wahrgenommen. Diese Spaltung dient dazu, sich selbst als vollkommen in Ordnung zu erleben, während alles Negative und Schlechte den anderen zugeschrieben wird. Diesen »Bösen« gilt dann nach einer Enttäuschung – wie einer Kündigung – ihr oftmals ungezügelter Hass.

Chefs. Die herrschende Ideologie unserer Geschäftswelt entspricht der narzisstischen Charakterstruktur: Dynamisch-rücksichtslos-ichbezogen-erfolgreich. Die meisten Vorgesetzten zeigen deshalb eine deutlich narzisstische Persönlichkeitsstruktur.

Als Mitarbeiter bevorzugen Narzissten »Jasager«, in deren Bewunderung sie sich sonnen. So kompromisslos und hart der Narzisst im Austeilen von Kritik auch auftritt, er selbst reagiert ausgesprochen empfindlich auf jede Kritik. Wenn eine Person ihn nicht vorbehaltlos unterstützt, wird sie auf die schwarze Liste gesetzt und gilt als ausgestoßen. Jede Existenzberechtigung wird ihr abgesprochen. Es gilt die Devise: Wer nicht für mich ist, ist gegen mich.

Wegen dieses Verhaltensstils und der Unfähigkeit narzisstischer Persönlichkeiten, sich in andere Menschen einzufühlen, herrscht unter den Mitarbeitern oft eine hohe Fluktuation. Das bedeutet auch: Es müssen viele Zeugnisse geschrieben werden.

Scheitern Projekte, die mit der Hoffnung auf einen strahlenden Erfolg begonnen wurden, werden Sündenböcke gesucht. Schuld sind für den Narzissten grundsätzlich immer die anderen.

Narzisstische Führungskräfte finden sich besonders häufig in auf Repräsentation ausgelegten Wirtschaftsunternehmen (z. B. Bau- und Immobilienfirmen, Werbebranche), im Medien-, Kultur- und Wissenschaftsbereich sowie in medizinischen und psychosozialen Institutionen.

Bereits aus der repräsentativen Gestaltung des Ambientes lassen sich Rückschlüsse auf die narzisstische Struktur des »Hausherren« schließen. Demonstrativ zur Schau getragenes Selbstbewusstsein, eine pfauenhaft-majestätische Ausstrahlung, brillante Selbstinszenierung und Unternehmensdarstellung sind untrügliche Kennzeichen dieser Persönlichkeitsstruktur.

Arbeitszeugnis. Hier ist nichts Gutes zu erwarten, denn wer sich selbst für den Größten hält, muss andere klein machen und auch klein halten. Wer es dann noch wagt, sich von der »Sonne« abzuwenden und zu gehen, soll in der Kälte der Nacht erfrieren . . . Auch wenn Sie bis gestern eventuell als einer der fähigsten Mitarbeiter galten: Im Moment der Kündigung sind Sie für den Narzissten gestorben. Das Zeugnis wird zum Racheinstrument. Es soll vernichten. Also Vorsicht und aufgepasst: Da die negative Botschaft nicht direkt formuliert werden darf, steckt sie sehr wahrscheinlich zwischen den Zeilen. Als Referenzgeber sind Narzissten gänzlich ungeeignet.

Und sollte der Narzisst Sie bewusst loswerden, »wegloben« wollen: Da er die Leistung anderer nicht wirklich wertschätzen bzw. anerkennen kann, wird das Zeugnis selbst bei intensiver vordergründiger Bemühung um wohlwollende Beurteilung seine negative Grundhaltung zwischen den Zeilen deutlich zum Ausdruck bringen.

Verhandlungsstrategien. Dieser Typus hört sich am liebsten selbst reden, weil er anderen nicht zuhören kann. Kaum ist eine Frage gestellt, parliert er weitschweifig und detailreich über sich, seine großartigen Erfolge und einzigartigen Erfahrungen. Das wird auch bei einem Konfliktgespräch über das Zeugnis so sein.

Wenn Sie können und wollen: Stören Sie seine Selbstdarstellungssucht nicht. Hören Sie aufmerksam und »beeindruckt-bewundernd« zu, schmeicheln Sie ihm und erklären Sie, was sie alles von Ihm bzw. in der Firma gelernt haben. Versuchen Sie in den kurzen Momenten seiner Ihnen zugewandten Aufmerksamkeit, Interesse an Ihrem Anliegen zu wecken, indem Sie Ihre Interessen zu seinen machen und ganz besonders seinen persönlichen Nutzen herausstreichen.

Der Zwanghafte

Merkmale. Zwanghafte Charaktere sind extrem ordnungsliebend, eigensinnig, rechthaberisch und neigen zum Perfektionismus. Alles Spontane, Impulsive, Triebhafte, Ungeregelte und Schmutzige macht ihnen Angst und muss deshalb beseitigt oder zumindest streng kontrolliert und damit beherrschbar werden. Zwanghafte Persönlichkeiten können sich schlecht entspannen, sind zweifelnd, ängstlich, entschlussunfähig, umständlich, peinlich genau bis zur Pedanterie, mit einer Vorliebe für unwichtige Details.

Weitere Charakteristika zeigen sich im Streben nach emotionaler Autonomie (»Ich brauche niemanden«) sowie in einem permanenten Gefühl des Getriebenseins. Zwanghafte Persönlichkeiten haben das Gefühl, ihnen sitze ständig ein imaginärer Aufpasser im Nacken. In zwischenmenschlichen Beziehungen geht es um Dominanz oder Unterwerfung. Sie haben eine Freude am Beherrschen, aber erstaunlicherweise auch am Beherrschtwerden, manchmal sogar am Quälen und Gequältwerden.

Chefs. Zwanghafte Führungskräfte scheinen in besonderem Maße den typischen Anforderungen in bürokratisch-hierarchisch strukturierten Großorganisationen zu entsprechen: Ordnung, Systematik, Planbarkeit, Kontrolle, Berechenbarkeit und strenge Disziplin sind die Forderungen, die sie an sich und andere stellen. Andererseits führt ihre kleinliche Kontrollsucht oft zum regelrechten Schikanieren von Mitarbeitern, zu Zeitfetischismus, penibler Paragrafenreiterei und minutiöser Verplanung von Arbeitsabläufen.

In einer Firmen- oder Institutionshierarchie fühlen sich zwanghafte Persönlichkeiten wohl. Hier werden sie kontrolliert, können aber auch als autoritäre Vorgesetzte mit rigidem Machtgebaren andere kontrollieren und beherrschen. Die dadurch häufig ausgelöste übertriebene Unterwürfigkeit von Mitarbeitern führt zu Passivität und mangelnder Kreativität im Unternehmen.

Kaum verwunderlich: Zwanghafte Chefs sind eher im öffentlichen Dienst, bei Banken und Versicherungen anzutreffen als in der dynamisch-narzisstischen so genannten freien Wirtschaft, also Handel, Industrie oder auch Kreativberufen.

Arbeitszeugnis. Wer sich von ihnen trennt, hat bestimmt etwas auf dem Kerbholz, eine noch nicht entdeckte »Leiche im Keller«, und schürt so ihr Misstrauen. Zwanghafte haben es schon immer geahnt: »Da ist etwas nicht in Ordnung mit Ihnen«, und das Arbeitszeugnis ist eine ideale Gelegenheit, das akribisch zu dokumentieren. Und da sie alles besser wissen und besser können, verlieren Ihre objektiven Verdienste ganz schnell an Wert. »Das war doch alles ganz anders, und zufrieden war man mit Ihnen sowieso nicht ... Von Anfang an. Außerdem gab es da noch diesen und jenen Fehler, und überhaupt ...«

Für zwanghafte Persönlichkeiten ist die Erstellung eines Arbeitszeugnisses eine doppelte Herausforderung. Da sie infolge ihrer »Hartleibigkeit« oft Schwierigkeiten mit dem »Hergeben« haben, müssen Mitarbeiter meist sehr lange auf ein Zeugnis warten. Wenn der zwanghafte Chef sich endlich einmal dransetzt, wird akribisch an den Details gefeilt, immer wieder und immer wieder, was die Sache nicht gerade beschleunigt. Die ganze Materie Arbeitszeugnisse scheint – mit Verlaub – sowieso etwas für »Korinthenkacker« zu sein ...

Verhandlungsstrategien. Wenn Sie Glück haben und Ihr Chef sich darauf einlässt, schreiben Sie selbst einen Zeugnisentwurf, vielleicht geht dann doch alles insgesamt etwas schneller. Der Zwanghafte wird schon genug Punkte finden, die er akribisch zu korrigieren weiß, vor allem bezüglich der Leistungsthematik, neben dem »ordentlichen« Sozialverhalten von Haus aus sein Lieblingsthema.

Im positiven Fall wird Ihr Verhandlungsgegner die gesetzlichen Rahmenbedingungen für Zeugnisse sehr ernst nehmen und eher Scheu vor einer juristischen Auseinandersetzung haben.

Wenn es negativ läuft, ist er so rechthaberisch, dass er eher darauf pocht, sich nur noch per Anwalt über das Zeugnis mit Ihnen auseinanderzusetzen, weil nun einmal seine Sichtweise der Dinge die absolut richtige und allein gültige ist. Lassen Sie es also besser nicht zu sehr auf eine Konfrontation hinauslaufen, denn wenn er erst einmal »Nein« sagt, hakt er sich eventuell fest. Und dann wird seine Unbeweglichkeit erst recht betoniert.

Der Schizoide

Merkmale. Schizoide Persönlichkeiten (von griech. schizein = spalten) wirken kühl-distanziert, misstrauisch, verschlossen, unbeteiligt, manchmal auch arrogant. Es fehlt ihnen an Wärme. Ihre zwischenmenschlichen Beziehungen bleiben emotionslos, oberflächlich und leer. Wenn man eben noch meinte, ihnen näher gekommen zu sein, reagieren Schizoide oft schroff, nehmen eine feindselige, abweisende Haltung ein, ziehen sich zurück oder brechen Beziehungen ab.

Chefs. Schizoide Führungskräfte versuchen, alle Probleme »rein sachlich« anzugehen – objektiv, verstandesmäßig und kühl. Es geht um das Wohl der übergeordneten »Sache«, menschliche Schicksale sind für sie weniger interessant. Persönlichen Kontakten wird möglichst aus dem Weg gegangen. Am liebsten verbreiten Schizoide eine Aura geschäftsmäßiger und technokratischer Nüchternheit. Sie wirken im lockeren sozialen Kontakt oft unbeholfen, geradezu linkisch. Gerne verschanzen sich derartige Charaktere hinter ihrer Rolle, den »objektiven« Fakten, den so genannten Sachzwängen.

Ihre eigene hintergründige Feindseligkeit projizieren schizoide Persönlichkeiten oft auf andere Menschen. Diese werden dann – innerhalb oder außerhalb des Unternehmens – als Bedrohung erlebt. Schizoide verbreiten auf diese Weise im Unternehmen ein Klima paranoiden Misstrauens. Hinter der Feindseligkeit gegenüber den eigenen Mitarbeitern steckt häufig ein verborgener Kontakt- und Abhängigkeitswunsch.

Für den Führungsstil von schizoiden Persönlichkeiten ist die grundverschiedene Behandlung von Mitarbeitern charakteristisch. Diese werden als Genies, als nützliche Trottel oder schlicht als Idioten eingeschätzt, was zu Spannungen und Konflikten mit dem Vorgesetzten und unter den Mitarbeitern selbst führt. Bedürfnisse der Mitarbeiter nach Verständnis und Unterstützung kommen zu kurz oder werden übergangen.

Bevorzugte Arbeitsgebiete liegen übrigens in naturwissenschaftlichen Bereichen, in Technik, Informatik aber auch auf höherer betriebswirtschaftlicher Ebene. Allen gemeinsam ist: Sie lassen den Umgang mit Mitarbeitern auf ein Minimum reduzieren.

Arbeitszeugnis. Vielleicht ist der schizoide Chef froh, Sie loszusein und macht wenig Aufhebens bei der ganzen Prozedur. Wer die Menschen so wenig mag wie dieser Typus, wird eher auf eine kühl-nüchterne »Abwicklung« Wert legen, schnell und schmerzlos.

Die persönlichen, warmherzigen, wertschätzenden Worte werden Sie in dem Zeugnis ebenso vermissen, wie insgesamt in der hinter Ihnen liegenden Arbeitszeit mit diesem Chef. Für diesen Zeugnisausstellertypus dürfte Ihr Angebot, das Zeugnis selbst zu schreiben, eine willkommene Entlastung sein. Es spart ihm Zeit und Gefühlsarbeit.

Verhandlungsstrategien. Eine höfliche, aber deutlich unterkühlte Atmosphäre lässt in Ihnen das Gefühl aufkommen, Ihr Ansinnen, das Zeugnis zu diskutieren, hier und da eine Verbesserung zu wünschen, sei überzogen. Bleiben Sie unbeeindruckt, Sie haben es nämlich mit dem Charme eines frisch geöffneten Kühlschranks zu tun. Jetzt nur kein Frösteln zeigen, sondern beherzt versuchen, Ihre Botschaft rüberzubringen. Ihr Gegenüber kann zuhören, dennoch sollten Sie sich kurz fassen und präzise formulieren.

Wenn Sie Ihrem schizoiden Gesprächspartner nicht zu gefühlvoll »auf die Pelle rücken«, und äußerst sachlich argumentieren, haben Sie bessere Chancen. Vertreten Sie Ihre Position in einer gleichmäßig freundlichen Weise, unbeeindruckt von seiner kühl-distanzierter Art.

Der Hysteriker

Merkmale. Hysterische Persönlichkeiten neigen zu theatralisch-dramatischen Auftritten und versuchen ständig, im Mittelpunkt zu stehen, die Aufmerksamkeit, Sympathie und Bewunderung ihrer Mitmenschen auf sich zu lenken. Sie sind stolz auf die eigene Erscheinung und Persönlichkeit und versuchen, sich in ihren Selbstinszenierungen als lebendig, aktiv und begehrenswert zu präsentieren. Sie lieben Abwechslung und Maskierung, scheuen Bindung, Festlegung und Verantwortung. Hysterische Persönlichkeiten sind empfänglich für Suggestion und emotional eher labil, charakterisiert durch Launenhaftigkeit und Ausbrüche von Lachen oder Weinen. Verführerisches, sexuell provozierendes Verhalten steht ebenfalls im Dienst einer starken Ichbezogenheit mit dem Ziel, von anderen gemocht und bewundert zu werden. Häufig ist »Mehr Schein als Sein« die (un)bewusste Devise hysterischer Persönlichkeiten.

Chefs. In vielerlei Hinsicht sind hysterische Führungskräfte Gegentypen zu den zwanghaften: Ständig scheinen sie auf der Suche nach Neuerungen zu sein, haben immer wieder »frische« Ideen, die sie aber genauso schnell fallen lassen, wie sie sich dafür begeistern konnten. Durch Ordnungsstrukturen fühlen sie sich eher gelähmt. Hektik, Termindruck und Abwechslung brauchen sie ebenso wie den häufigen Arbeitsplatzwechsel.

Keine Gelegenheit zur eindrucksvoll inszenierten Selbstdarstellung wird ausgelassen, »Public Relations«, Feste und Präsentationen spielen eine große Rolle. Erfolge werden effektiv in der Öffentlichkeit präsentiert.

Wegen der strukturellen Ähnlichkeiten ist dieser Typus am häufigsten auf den Arbeitsgebieten anzutreffen, die auch den Narzissten anziehen (s. o.).

Arbeitszeugnis. Alles ist möglich. Hat der hysterische Chef einen guten Moment, bekommen Sie ein »bombiges« Arbeitszeugnis, weil er großzügig ist. Ist er gerade schlecht drauf, fällt Ihr Zeugnis entsprechend aus. Das Unstete, die Unberechenbarkeit sind die einzigen stabilen Konstanten seiner Persönlichkeit. Aber selbst wenn er Ihnen nichts Böses will: In seiner überschwänglichen Art, in seinen theatralischen Formulierungen schadet er Ihnen bei einem kundigen Zeugnisleser mehr, als er Ihnen nützt.

Verhandlungsstrategien. Vieles, was für den Narzissten gesagt wurde, gilt auch für den Hysteriker. Weil der Hysteriker eher der Gegentyp zum Zwanghaften ist, hat er mit Arbeitszeugnissen nun wirklich nichts am Hut. Was für ihn vorbei ist, ist vorbei. Und sich akribisch in die Details der Zeugnissprache zu vertiefen, ist nun so gar nicht seine Sache. Er wird diese Arbeit delegieren. Am besten an Sie. Melden Sie sich rechtzeitig!

Der Depressive

Merkmale. Menschen mit einer depressiven Charakterstruktur sind häufig gedrückter Stimmung, anklammernd, antriebslos und aggressionsgehemmt. Sie leiden unter Mangel an Initiative, Schuldgefühlen, mangelndem Selbstvertrauen, Hilf- und Hoffnungslosigkeit. Unbewusst richten Sie Aggressivität gegen sich selbst, lassen aber auch gerne andere mitleiden. Mit den Worten Bertolt Brechts: Die Enttäuschten und Vergrämten sind die wahrhaft Unverschämten.

Chefs. Vorgesetzte mit einer depressiven Persönlichkeitsstruktur verkörpern das krasse Gegenteil des gängigen Managerideals, das ein starkes Selbstbewusstsein und ein gutes Durchsetzungsvermögen verlangt. Sie sind selten autoritär, eher auf die Harmonie einer Nähe garantierenden Teamarbeit aus. Aber auf Grund ihrer Unsicherheit und ihres Grundgefühls, auf die Dinge letztlich wenig Einfluss ausüben zu können, verursachen depressive Chefs oft ein Führungsvakuum, bei dem ihre Firma oder ihre Abteilung wie ein Schiff ohne Kapitän mehr oder weniger ziel- und planlos dahintreibt. Oft ist Resignation der Hintergrund. Das entstehende Führungs- und Machtvakuum lädt die Mitarbeiter der nächstniedrigen Hierarchiestufe regelrecht zu Intrigen und Machtkämpfen ein.

Häufig werden Führungskräfte (auch infolge eines chronischen Burn-out-Syndroms) besonders im öffentlichen Dienst im Lauf langer Arbeitsjahre reaktiv depressiv.

Arbeitszeugnis. Der Depressive wird zunächst einmal Ihre Bitte nach einem Zeugnis wie eine Bugwelle vor sich herschieben. Bei seinem schlechten Selbstwertgefühl wird er auch für die Beurteilung anderer keinen rechten Maßstab haben. Hinzu kommt, dass er ängstlich ist und sich in seinem übertriebenen Verantwortungsbewusstsein ausmalt, was passiert, wenn er Sie zu sehr lobt – seine Schreckensvision ist der Regress. Schreibt er das Zeugnis aber zu negativ, fürchtet er die juristische Auseinandersetzung mit Ihnen. Fazit für ihn: Nur wer nichts tut, macht auch nichts falsch.

Eine nicht zu unterschätzende Gefahr bei diesem Zeugnisausstellertyp: Trotz wohlwollender Formulierungen kommt an irgendeiner Stelle, auf den ersten Blick nicht ersichtlich, seine unterdrückte Feindseligkeit zum Vorschein.

Verhandlungsstrategie. Geben Sie dem Depressiven ein klares Zeitlimit vor, und zeigen Sie Konsequenz. Lassen Sie sich beim eventuellen Konfliktgespräch über Ihr Zeugnis nicht von seiner negativen Stimmung anstecken und vermeiden Sie Versuche, Ihr Gegenüber aufgesetzt fröhlich oder gar mit »hochgekrempelten Ärmeln« wachzurütteln. Hauptziel muss es sein, im Gespräch zu bleiben, so lange Sie Ihr Anliegen nicht zu Ihrer Zufriedenheit durchgesetzt haben. Bloß nicht zu schnell aufgeben. Letztendlich bewegen Sie den »Koloss« doch.

Übrigens: Jeder von uns – egal ob Chef oder Mitarbeiter – hat Züge von einer (oder mehreren) der skizzierten Persönlichkeitsstrukturen, die je nach Ausprägung neurotische, d. h. krankhafte Formen annehmen können. Als Chef und insbesondere hier in der Funktion des Zeugnisausstellers kann man sie allerdings besonders gut auf dem Rücken der »Untergebenen« ausleben.

Trotzdem: Keine Angst – es gibt natürlich auch nicht-neurotische Chefs, mit denen man in Sachen Arbeitszeugnis gut klarkommt, oder Mischformen der genannten Charaktere in harmloserer Ausprägung. Aber es ist auf jeden Fall gut, in die Vorbereitung auf ein Gespräch über ein Arbeitszeugnis auch mit einzubeziehen, mit welchem Gegenüber man es zu tun hat.

Mehr dazu in unserem Buch »Die Neurosen der Chefs«.

Für den Fall der Fälle – das Recht auf Ihrer Seite

Stellt der Arbeitgeber dem Arbeitnehmer trotz schriftlicher Aufforderung kein Arbeitszeugnis aus, entspricht das Zeugnis (trotz gütlicher Einigungsbemühungen) in Form oder Inhalt nicht den rechtlichen Anforderungen oder fühlt sich der Arbeitnehmer im Zeugnis unzutreffend und ungerecht beurteilt, besteht die Möglichkeit einer **Klage vor dem Arbeitsgericht.**

Allein die Drohung mit dem Rechtsweg scheint bei Auseinandersetzungen um die inhaltliche Gestaltung von Arbeitszeugnissen häufig noch eine außergerichtliche Einigung zu bewirken: In einer Befragung bei 386 Unternehmen gaben 51,3 Prozent der Arbeitgeber ihre Bereitschaft an, eine befriedigende Leistungsbewertung in eine gute Beurteilung im Arbeitszeugnis umzuwandeln, wenn der Arbeitnehmer ernsthaft eine Klage vor dem Arbeitsgericht in Erwägung zieht.[2]

Es ist allerdings zu empfehlen, sich vor einer Klage beim Arbeitsgericht durch einen Fachanwalt für Arbeitsrecht beraten zu lassen (in den Branchenfernsprechbüchern sind die Fachanwälte für Arbeitsrecht gesondert aufgeführt; in größeren Städten gibt es bei den Anwaltsvereinen eine Spezialistenkartei). Obwohl jede Partei in der ersten Instanz den Prozess selbst führen kann, ist eine anwaltliche Vertretung beim Arbeitsgericht sicherlich in den meisten Fällen ratsam.

Die Anzahl der Klagen auf Zeugniserteilung oder Zeugnisberichtigung ist in den letzten Jahren ständig gestiegen (von rund 5.000 im Jahr 1980 auf über 15.000 im Jahr 2000[3]) Hinzu kommen zahlreiche Zeugnisstreitigkeiten, die in Kündigungsschutzverfahren gleich mitverhandelt wurden.

Oft ist eine von Arbeitnehmerseite eingereichte Klage erfolgreich. Es lässt sich in den letzten Jahren deutlich eine steigende Tendenz von Urteilen zu Gunsten der Arbeitnehmer beobachten.

Bisweilen sind die Fronten zwischen Arbeitnehmer und -geber auch dermaßen verhärtet, dass nur der Klageweg bleibt. Dies ist z. B. der Fall, wenn der Mitarbeiter bereits einen Kündigungsschutzprozess gegen seinen Arbeitgeber geführt, eine Abfindung bekommen hat, und sich der Arbeitgeber jetzt in Gestalt eines negativen Zeugnisses rächt. Hier ist eine Klage auf Berichtigung des Arbeitszeugnisses unerlässlich.

Voraussetzung einer Klage auf Zeugniserteilung ist, dass der Zeugnisanspruch weder verjährt, verfallen noch verwirkt ist (s. S. 27). Bei einer Klage auf Erteilung eines qualifizierten Arbeitszeugnisses ist zu empfehlen, dass der Arbeitnehmer einen Zeugnistext vorlegt bzw. im Urteil festschreiben lässt. Die inhaltliche Richtigkeit des Arbeitszeugnisses ist nämlich in einem eventuellen späteren Zwangsvollstreckungsverfahren nicht nachprüfbar.

Da umstritten ist, wie lange ein Berichtigungsanspruch gegen den Arbeitgeber besteht, sollte eine Berichtigungsklage – wenn eine gütliche Einigung erfolglos war – so schnell wie möglich nach Empfang des Zeugnisses erfolgen. Das Bundesarbeitsgericht hat ein erst fünf Monate nach dem Erhalt des Arbeitszeugnisses erfolgtes Änderungsbegehren zurückgewiesen.

Der Arbeitnehmer muss Gründe und Tatsachen für die Abänderungswünsche nennen und im Klageantrag einen konkreten Wortlautvorschlag für die Neuformulierung einer beanstandeten Textpassage vorlegen. Eventuell kann es notwendig sein, das ganze Arbeitszeugnis im Klageantrag neu zu formulieren, da das Zeugnis ja eine »durchkomponierte« Einheit darstellt und die Änderung einzelner Passagen eine Sinnverzerrung des Gesamttextes bedeuten kann.

Auch die Arbeitsgerichte sind befugt, das Zeugnis in einzelnen Abschnitten abzuändern, zu ergänzen und gegebenenfalls ganz neu zu formulieren, und dem Arbeitgeber diesen neuen Text vorzuschreiben (ohne im korrigierten Zeugnis auf diese Tatsache hinweisen zu dürfen).

Die **Beweislast** für die Richtigkeit und Vollständigkeit des erteilten Arbeitszeugnisses liegt grundsätzlich beim Arbeitgeber. Dies ist nach der langjährigen Rechtsprechung des Bundesarbeitsgerichts darin begründet, dass es im Gesetz keinen Zeugnisberichtigungsanspruch gibt und der Arbeitnehmer bei einer Berichtigungsklage »in Wahrheit einen Erfüllungsanspruch auf Erteilung eines richtigen Zeugnisses« geltend macht.[4]

Zum Beweis für ein seiner Ansicht nach richtiges Zeugnis kann der Arbeitgeber z. B. Vorgesetzte als Zeugen benennen, Abmahnungen, Zwischenzeugnisse und betriebliche Beurteilungen vorlegen. In diesem Zusammenhang wichtig zu wissen: Jeder Arbeitnehmer hat nach § 83 Betriebsverfassungsgesetz ein Recht auf Einsicht in seine Personalakte.

Der Arbeitnehmer kann sich zur Begründung für seine Zeugniskorrekturwünsche z. B. auf positive Zwischenzeugnisse, betriebliche Beurteilungen, Dankschreiben zum Jahresende, eine übertarifliche Leistungszulage oder lobende Mitteilungen über Gehaltserhöhungen stützen.

Zur Verteilung des »schwarzen Peters« in Sachen Beweisführung: Bei einem im Zeugnis bezüglich Leistung und Verhalten als unterdurchschnittlich beurteilten Mitarbeiter muss der Arbeitgeber den oft sicher nicht leicht zu führenden Beweis für die Richtigkeit seiner negativen Einschätzung antreten. Wünscht dagegen der Arbeitnehmer die Umwandlung eines durchschnittlichen in ein überdurchschnittliches Zeugnis, muss er die dazu notwendigen Tatsachen und Beweise selbst anführen.

Unabhängig vom Ausgang des Arbeitsgerichtsverfahrens hat jede Partei in der ersten Instanz die **Kosten** für den eigenen Rechtsanwalt selbst zu tragen.

Nach der gängigen Rechtsprechung beträgt der Streitwert bei einer Klage auf Zeugniserteilung bzw. Zeugnisberichtigung ein Bruttomonatsgehalt.

Die Juristin und Zeugnisexpertin Andrea Nasemann führt als Beispiel an, dass bei einem Bruttomonatseinkommen und Streitwert von € 2500 und einem Urteil mit Beweisaufnahme bzw. einem Vergleich ohne Beweisaufnahme die Anwalts- und Gerichtskosten ca. € 500 betragen.[5] Eine aktuelle Abschätzung der im Einzelfall anfallenden Anwalts- und Gerichtskosten wird natürlich Thema einer Beratung beim Rechtsanwalt sein.

Hat der Arbeitnehmer eine Rechtsschutzversicherung abgeschlossen, deren Vertrag Arbeitsrechtsschutz einschließt, so ist die Rechtsschutzversicherung beim Vorliegen eines Versicherungsfalls eintrittspflichtig. Als Versicherungsfall hat in diesem Zusammenhang ein Verstoß des Arbeitgebers gegen Pflichten aus dem Arbeitsvertrag zu gelten, also z. B. auch die Ablehnung einer Zeugniserteilung bzw. die Ausstellung eines unzutreffenden Arbeitszeugnisses.

Für Arbeitnehmer, die nicht dazu in der Lage sind, die Kosten für eine Prozessführung bei einer Zeugnisstreitigkeit aufzubringen, besteht die Möglichkeit der Prozesskostenhilfe.

Der Arbeitnehmer hat gegenüber dem Arbeitgeber einen Anspruch auf **Schadenersatz**, wenn dieser das Arbeitszeugnis überhaupt nicht, verspätet oder unrichtig ausstellt. »Als Schaden des Arbeitnehmers kommt der Betrag in Betracht, der ihm infolge Nichteinstellung oder verspäteter Einstellung an einem neuen Arbeitsplatz entgeht oder den er dadurch verliert, dass er nur zu einem geringeren Verdienst angestellt wird.«[6]

Die Darlegungs- und Beweislast für das Vorliegen von Schadenersatzansprüchen hat allerdings der Arbeitnehmer. Wegen der juristisch nicht unkomplizierten Details bei Schadenersatzansprüchen ist hier sicherlich die Beratung durch einen Fachanwalt zu empfehlen. Diese Empfehlung gilt auch bei einer Kündigungsschutzklage, da diese nicht gleichbedeutend ist mit einer Beanstandung des Arbeitszeugnisses. Mit der eventuell notwendigen Zeugnisklage sollte nicht bis zur Beendigung des Kündigungsschutzprozesses gewartet werden.

Hat ein Arbeitgeber einen Bewerber in die engere Wahl für einen zu besetzenden Arbeitsplatz genommen, greift er nicht selten zum Telefonhörer, um beim früheren Arbeitgeber **Auskünfte** und Informationen einzuholen, die über das Zeugnis hinausgehen. Eine gesetzliche Regelung der Zulässigkeit dieser vom Arbeitnehmer nicht zu kontrollierenden Auskunftserteilung gibt es nicht. Zu hoffen ist nur, dass die Bitte um eine diskrete Handhabung der Bewerbung aus einer ungekündigten Position heraus solche Telefonaktionen unterbindet.

Das Bundesarbeitsgericht hat zur Problematik der Auskunftserteilung bereits 1957 in einem Urteil festgestellt: »Die Auskünfte des Arbeitgebers müssen richtig im Sinne einer wahrheitsgemäßen Zeugniserteilung sein.«[7]

Natürlich wird bei einem solchen Telefonat anders gesprochen als in dem üblichen, doch sehr formelhaften Zeugnisstil. Manchmal schweigt auch die um

Auskunft gebetene Arbeitgeberseite und signalisiert damit eine negative Beurteilung und im Klartext eine Nichtempfehlung.

Sollten Sie als Arbeitnehmer und Zeugnisempfänger die Möglichkeit haben, eine Person Ihres Vertrauens als potenziellen Arbeitgeber anrufen zu lassen, der vorgibt, Erkundigungen einholen zu wollen, wissen Sie schnell, woran Sie mit Ihrem Ex-Chef bzw. -Vorgesetzten sind. Mit dieser Zeugenaussage könnten Sie Ihren ehemaligen Arbeitgeber in nicht unerhebliche Schwierigkeiten bringen.

Wir kennen die Geschichte eines aus seiner Firma nicht ganz harmonisch ausgeschiedenen hoch bezahlten Managers mit dennoch sehr gutem Arbeitszeugnis, der allen Bemühungen zum Trotz, selbst nach günstig verlaufenen Vorstellungsgesprächen, immer wieder eine Absage bekam und sich mehr und mehr wunderte.

Irgendwann wurde dieser kluge Mensch misstrauisch und ließ einen befreundeten Unternehmer bei seinem früheren Arbeitgeber anrufen und in dem Sinne nachfragen: »Wir haben hier einen interessanten Bewerber, den Herrn XY, der war doch früher bei Ihnen. Mal ganz im Vertrauen, was können Sie mir zu dem sagen . . . ?« Nach anfänglichem Zögern und Räuspern (schon das setzt Signale!) wurde telefonisch deutlich vor diesem Bewerber, also unserem Herrn XY gewarnt, weil der angeblich . . .

Das war also des Rätsels Lösung, die Erklärung, warum es immer wieder nicht klappen wollte. Der Bewerber konnte nun mit diesem Wissen dem Negativ-Auskunftsgeber bei seiner ehemaligen Firma gegenübertreten und mit wenigen, aber bedeutsamen Worten weitere »Sabotageauskünfte« abstellen. Der Saboteur war übrigens pikanterweise sein Nachfolger in der alten Firma, der damals erfolgreich den Stuhl von XY angesägt hatte, um nun selbst drauf zu sitzen.

Bevor Sie juristische Schritte im Zusammenhang mit Ihrem Arbeitszeugnis einleiten, versuchen Sie, alle Möglichkeiten einer gütlichen Einigung auszuschöpfen. Dabei steht Ihnen der aktive Part zu, konkrete Vorschläge zu machen, wie Ihr Zeugnis besser aussehen sollte. Erst wenn Sie damit wirklich nicht weiterkommen, sind die Beratung durch einen Fachanwalt und eventuelle arbeitsgerichtliche Schritte lohnenswert.

Neun wichtige Empfehlungen und Tipps

Arbeitszeugnisse sind für den beruflichen Werdegang zweifelsohne von Bedeutung. Auf Arbeitnehmer- wie auf Arbeitgeberseite weiß man das und versucht dem bisweilen mehr, manchmal auch weniger Rechnung zu tragen. Allzu oft jedoch ist festzustellen, dass die einen den Zeugnis-Aussage- und Bedeutungswert unterschätzen, während die anderen dazu neigen, ihn krass überzubewerten. Welche Gruppe wohl zahlenmäßig stärker vertreten ist, wer also mehr oder weniger Recht hat, wollen wir an dieser Stelle nicht diskutieren. Wichtig erscheinen uns hier noch einmal zusammengefasst folgende Hinweise:

Im Rahmen einer Vorauswahl können Arbeitszeugnisse ein wichtiger Weichensteller sein. Bei einer größeren Anzahl von geeignet erscheinenden Kandidaten – und diese Situation ist bei der heutigen Arbeitsmarktlage die übliche Ausgangsposition – haben Bewerber mit sehr guten bis guten Zeugnisbeurteilungen eher die Chance, eingeladen zu werden. Ihnen wird damit die Möglichkeit zuteil, im persönlichen Vorstellungsgespräch durch ihren direkten »Auftritt« für sich, für ihre Person zu werben und in der Sache zu überzeugen.

Wer als Kandidat nicht zu einem persönlichen Kennenlerntermin gebeten wird, hat, oder besser gesagt, bekommt einfach nicht die Chance, sich zu präsentieren und die vakante Position zu erobern. Zeugnisse sind also ganz wesentlich mitentscheidend dafür, ob ein Bewerber überhaupt eine Einladung zum Vorstellungsgespräch erhält. Liegen gar keine, nur sehr alte (über acht Jahre) oder lediglich zweifelhaft befriedigende Zeugnisse vor, verschlechtern sich die Chancen, eingeladen zu werden, ganz gewaltig.

So gesehen sollte es das vitale Interesse eines jeden Arbeitnehmers sein, sich ein gutes Arbeitszeugnis ausstellen zu lassen bzw. über das Wissen zu verfügen, das eigene Zeugnis richtig interpretieren zu können, um gegebenenfalls in der Lage zu sein, einen eigenen vorteilhaften Zeugnisentwurf anzufertigen.

Spätestens an dieser Stelle werden nun die Zeugnisnutzen-Zweifler auf der Arbeitnehmerseite abwiegelnd anführen (zu wessen Beruhigung eigentlich?), dass etwaige, den schriftlichen Bewerbungsunterlagen beigefügte Arbeitszeugnisse doch nur ein kleines Mosaiksteinchen im Gesamteindruck sein können.

Dieser nicht selten gehörte Einwand negiert in sträflicher Weise real existierende gesellschaftliche Gegebenheiten. Gerade in unseren papiergläubigen Breitengraden müssen wir dem Umstand, in einer doch eher »zertifikatsorientierten« Gesellschaft zu leben, Rechnung tragen. Ohne schriftlichen Nachweis, ohne papierene Vorzeigbarkeit, möglichst amtlich gestempelt und beglaubigt, darf man in unserem Land (fast) nichts beruflich bewegen. Ergo sind Arbeitszeugnisse wichtig und haben bei der Bewerberauswahl ihre Funktion. Der Kandidat, bei dem auch diese Nachweise stimmen, bekommt den Vorzug.

Sicher: Schlechte oder auch nur nicht gute Arbeitszeugnisse bedeuten noch lange kein berufliches Aus. Sie sind vielleicht keine wirklichen Karrierekiller, aber doch wohl sehr starke Chancenhemmer.

Nicht unerwähnt bleiben darf natürlich in diesem Zusammenhang, dass Arbeitszeugnisse je nach Konjunktur- und Arbeitsmarktlage ebenfalls an Bedeutung gewinnen bzw. einbüßen. Wie hier die augenblickliche Situation für den einzelnen Leser ist, beantworte dieser sich am besten selbst. Die allgemeine wirtschaftliche Lage ist jedenfalls Mitte der neunziger Jahre und voraussichtlich bis ins nächste Jahrtausend hinein nicht allzu rosig.

Dabei wird immer gelten, dass bei der Mitarbeiterauswahl für einfachere und/oder weniger gut bezahlte Tätigkeitsbereiche im Handel, bei Dienstleistern oder im produzierenden Gewerbe sowie in sehr vielen handwerklichen Berufen die Arbeitszeugnisse bei der Entscheidung für oder gegen einen Bewerber eine eher untergeordnete Rolle spielen. Das trifft umso stärker zu, je kleiner das einstellende Unternehmen, der Betrieb ist.

Gründe dafür können sehr wohl die mangelnden Erfahrungen, die fehlenden Fachkenntnisse auf dem Gebiet der Arbeitsleistungsbeurteilung und Zeugniserstellung sein. Im Fall einer Personalauswahlentscheidung äußert sich dies dann auch als Nichtwissen, wie man vorgelegte Zeugnisse zu interpretieren hat. Also vernachlässigt man diesen Entscheidungsfaktor und verlässt sich lieber aufs Gefühl, auf den Gesamteindruck, den der oder die Bewerber/in macht. In dieser Situation spielen Arbeitszeugnisse (fast) keine bzw. eine nur sehr geringe Rolle bei der Bewerbervorauswahl und dem zu bewältigenden Entscheidungsprozess, möglichst den besten, den geeignetsten Kandidaten für den Job »herauszupicken«.

Der Einfluss und die Bedeutung von Arbeitszeugnissen steigen jedoch mit den Anforderungen der Arbeitsaufgaben und der Qualifikation der Bewerber, wenn es um eine bestimmte berufliche Position geht. Kein Bankangestellter, kein Versicherungskaufmann, Vertriebsmitarbeiter oder im öffentlichen Dienst Beschäftigter wird seinen Arbeitsplatz wechseln können, ohne dass dem neuen Arbeitgeber Zeugnisse vorgelegt werden müssen, bzw. ohne dass dieser Einblick in die Personalakte nimmt.

Wie eine Gaußsche Normalverteilungskurve steigt die Einflussnahme der Zeugnisse auf die Personalentscheidung an und hat ihren Höhepunkt bei der Auswahl von Führungskräften im mittleren Management, um dann wieder bei den Positionen mit Jahresbruttoeinkommen von etwa € 90.000 und mehr deutlich zu fallen.

Bei etwa dem doppelten Einkommen, vielleicht ab € 150.000 p. a. spielen aktuelle Zeugnisse kaum noch eine Rolle. Kein Arbeitnehmer jedoch fängt seine berufliche Karriere in diesen Gehaltsgefilden an, und bevor er/sie dieses Niveau erreicht hat, wurden in der Regel einige Berufsjahre verbracht, in denen er/sie wie andere auch beurteilt worden ist. So ist dann ein kurzer Blick in die Beurteilungsunterlagen, verbunden mit der Frage, wie wurde er/sie denn vor zehn Jahren (und Drumherum) eingeschätzt, wie sind die Zeugnisformulierungen gewählt, so selten und unüblich nun auch wieder nicht. Erhofft man sich doch nicht ganz zu unrecht, Hinweise auf auch noch heute vorhandene Verhaltensmerkmale und Wesenszüge zu erhalten.

Nicht selten, es muss an dieser Stelle gesagt werden, läuft die Besetzung einer so hoch dotierten und verantwortungsvollen Position jedoch nach ganz anderen »Spielregeln« ab. Die »üblichen Bewerbungsunterlagen« mit den ehemaligen Zeugnissen liegen daher kaum zu einem für den Vergleich mit den Unterlagen anderer Kandidaten ausreichend frühen Zeitpunkt vor.

Verlassen wir diese Problemebene getrost, sind wir doch der Überzeugung, dass unsere Hauptlesezielgruppe unter € 100.000 p. a. Einkommen liegt. Für genau aber diese Leserschaft, besonders im Jahresbruttoeinkommensrahmen von (bereits) € 20.000 bis hin zu € 90.000 stellt sich die Bedeutung eines Arbeitszeugnisses ganz anders dar.

Was gilt es also insgesamt an wichtigen Aspekten zu beachten?

1. Ein Arbeitszeugnis ist eine wichtige, wirklich ernst zu nehmende Angelegenheit

Die Bedeutung von Arbeitszeugnissen ist vielen Arbeitnehmern in ihrer Tragweite nicht klar. Jedes Zeugnis, auch oder gerade ein Zwischenzeugnis, kann weit reichende Konsequenzen für den Beurteilten haben. Sich hier Wissen über den Hintergrund von Beurteilungs- und Bewertungsaussagen und ihre spezifische Interpretation anzueignen, sollte oberstes Gebot eines klugen, vorausschauend planenden Arbeitnehmers sein, vergleichbar etwa mit dem Wissen, was die eigene Arbeitskraft am Arbeitsmarkt aktuell wert ist.

Deshalb: Nie auf ein Zeugnis verzichten, auch wenn Sie glauben, es kaum je gebrauchen zu können. Wichtig dabei: immer bereit sein mitzuhelfen, Inhalte positiv zu gestalten, nie aber in kleinkrämerischen Streit und Auseinandersetzung mit dem Aussteller verfallen. Bei späteren Referenzen sind Sie gegebenenfalls auf das Wohlwollen ihres ehemaligen Vorgesetzten bzw. Chefs angewiesen.

2. Ein gutes Zwischenzeugnis ist mehr als Gold wert

Erbitten Sie sich bei günstigem Anlass und passender Gelegenheit ein Zwischenzeugnis. Einem eventuellen Gegenargument stehen mindestens fünf positive Gründe gegenüber.

- Das Zwischenzeugnis wird meistens sehr wohlwollend formuliert. Schließlich will der Arbeitgeber Sie nicht demotivieren.
- Mit dem Zwischenzeugnis wird für einen längeren Zeitabschnitt Ihr Leistungsstatus und der Zufriedenheitsgrad Ihres Arbeitgebers »festgeklopft«. Bei überraschend auftretenden Unstimmigkeiten kann Ihr Arbeitgeber nicht

plötzlich alle Ihre Leistungen oder Verhaltensweisen »schon immer« mehr als fragwürdig gefunden haben. Ein positives Zwischenzeugnis stellt somit einen gewissen Kündigungsschutz dar (vgl. S. 63 ff.).

- Beim Ausscheiden aus dem Unternehmen kann das Zwischenzeugnis richtungsweisende Funktion für das Endzeugnis haben (juristischer Fachausdruck: Bindungswirkung). Dies dürfte bei einem guten Zwischenzeugnis nur zu Ihrem Vorteil gereichen und einen gekränkten – weil Sie ihn verlassen wollen – Arbeitgeber bremsen, Ihre Gesamtleistungen nun plötzlich wenig bis kaum positiv zu beurteilen.
- Wenn Sie sich aus Ihrem aktuellen Arbeitsverhältnis heraus bei einem anderen Unternehmen bewerben wollen, macht ein etwa 6–12 Monate altes Zwischenzeugnis mit entsprechend guter Begründung (. . . aus Anlass des Arbeitsbereichswechsels und auf Wunsch . . . stellen wir gerne dieses Zwischenzeugnis aus und hoffen auf weitere gute Zusammenarbeit . . . s. S. 176 ff.) immer einen positiven Eindruck in Ihrer Bewerbungsmappe.
- Sie erleben, wie Ihr Arbeitgeber mit Ihrem Anliegen umgeht, und können darüber hinaus den Grad der Wertschätzung, die Ihre Leistungen im Unternehmen aktuell erfahren, kennen lernen.

Einziger Negativpunkt könnte sein: Ihr Arbeitgeber gibt sich herzlich wenig Mühe, Sie bei Laune und positiv motiviert zu halten, weil er die besagte Bindungswirkung scheut und Ihnen den eventuellen Abgang nicht auch noch mit einem enthusiastischen Leistungsbeurteilungsdokument erleichtern will.

3. *Ein gutes Zeugnis zu wollen, bedeutet zu wissen, worauf es wirklich ankommt und wie der Text zu interpretieren ist*

Sie haben als Arbeitnehmer nicht nur ein verbrieftes Recht auf ein qualifiziertes Zeugnis, sondern sollten auch wirklich auf die äußere wie innere Qualität achten. Das bedeutet schlicht: Sie müssen »auf Nummer sicher gehen« und wissen, was da über Sie und Ihre Leistung und Führung ausgesagt wird. Damit meinen wir natürlich die Botschaft zwischen den Zeilen. Ergo: Dieses Buch hilft und gibt wichtige Orientierung. Wenn Sie aber Zweifel oder Fragen haben, wenden Sie sich schnellstmöglich an einen Fachmann, besprechen Sie das Ihnen erteilte Zeugnis und hören Sie sich seinen Rat an. Was Ihnen wirklich hilft, ist ein gutes Zeugnis, nicht ein Superzeugnis und erst recht kein durchschnittliches oder gar schlechtes.

Deshalb die wichtigsten Stichworte zusammengefasst: Prüfen, vergleichen und besprechen Sie Ihr Zeugnis. Bitten Sie gegebenenfalls um eine Erklärung oder Begründung einzelner Urteile und Ihnen zugewiesener Eigenschaften. Vielleicht hilft Ihnen Ihr Betriebsrat, vielleicht kennen Sie Zeugnisse von anderen Kollegen und damit den generellen Unternehmens-Schreibstil in Sachen

Beurteilung. Vergleichen Sie aber auch Ihr neues Zeugnis mit Ihren vorherigen älteren. Die Hoffnung, spätere potenzielle Arbeitsplatzanbieter würden Ihr Zeugnis schon nicht so streng beurteilen und nicht so wichtig nehmen, ist reines Wunschdenken.

4. Sprechen kann helfen

Wenn Sie mit einem eher schlechten Zeugnis rechnen müssen, raten wir Ihnen, dieses Problem bereits im Vorfeld klug und offen mit dem Zeugnisaussteller zu besprechen. Eine Vogel-Strauß-Politik – Kopf in den Sand, nichts mehr hören und sehen – ist bestimmt nicht hilfreich. Ist Ihre Beziehung zu dem Aussteller nicht völlig zerrüttet, könnte ein gutes Gespräch doch einiges bewirken, z. B. Ärger und eventuell Missverständnisse abbauen, aber auch den für den Schreiber wichtigen Hinweis geben, dass das von ihm ausgestellte Zeugnis kritisch geprüft wird. Übrigens ist das unbedingt Ihr gutes Recht. (Etwa so wie das Nachzählen von Wechselgeld ...)

5. Man muss nicht nur ein gutes Zeugnis wollen, sondern auch bereit sein, etwas dafür zu tun

Wenn Sie den Wert eines guten Arbeits-Zwischen-Zeugnisses für sich und Ihre berufliche Entwicklung kennen und zu schätzen wissen, müssen Sie vorbereitet sein, im richtigen Augenblick Ihre kompetente Mithilfe bei der Erstellung anbieten zu können. »Be prepared« nennen die Pfadfinder diese mentale Einstellung. Neben dem nötigen Hintergrundwissen kommt es für Sie darauf an, Ihren Aufgabenbereich und Ihre Leistungen angemessen gut auf dem Papier darstellen zu können. Sie sollten in der Lage sein, die wichtigsten Stichworte zu liefern, wenn möglich (manchmal wird es vom Arbeitgeber sogar gewünscht) einen konkret ausformulierten Entwurf. Dies gilt auch bei kurzzeitigen Jobs.

6. Bei alledem: nicht zögern oder gar die Sache auf die lange Bank schieben, sondern das Zeugnis klug vorbereiten und mit Verstand durchsetzen

Weil Sie den Wert, aber auch die Schwierigkeiten im Zusammenhang mit Zeugnissen kennen, nehmen Sie bei einer einvernehmlichen Beendigung des Arbeitsverhältnisses per Auflösungsvertrag Ihren Zeugniswunsch so konkret wie möglich in die Verhandlung mit auf. Am besten geschieht dies bereits ausformuliert als Anlage zu der getroffenen Auflösungsvereinbarung. Eine bloße Absichtserklärung, Sie würden ein positives Zeugnis zu einem bestimmten Zeitpunkt erhalten, kann jede Menge (unangenehme) Überraschungen bergen.

Bei einer normalen Kündigung sollten Sie bereits unmittelbar zum Mitteilungszeitpunkt ein so genanntes vorläufiges Zeugnis durchsetzen. Hieran sehen Sie schnell die Beurteilungstendenz und haben jetzt eine bessere Ausgangssituation, über Inhalt und Leistungskriterien des endgültigen Arbeitszeugnisses zu verhandeln, als nach Ausscheiden aus dem Unternehmen.

7. Manchmal muss man auch bereit sein, für sein Recht zu kämpfen

Wenn die Gespräche mit Ihrem Zeugnisaussteller etwaige Einschätzungs- und Beurteilungsdifferenzen nicht zu Ihrer Zufriedenheit lösen, und Sie in dem Bemühen, einen tragfähigen Kompromiss zu finden, nicht vorankommen, müssen Sie wissen, welche juristischen Möglichkeiten Sie haben (s. a. S. 77 ff.).

Lassen Sie nichts unversucht, was Formen der gütlichen Einigung anbetrifft, bevor Sie zu juristischen Maßnahmen greifen. Solange Sie dem Unternehmen noch angehören, kann z. B. auch der Betriebsrat ein Fürsprecher und Unterstützer sein.

8. Be prepared – oder: für den Fall der Fälle

Sollten Sie mit einem unbefriedigenden Arbeitszeugnis in Ihren Bewerbungsunterlagen zu einem Vorstellungsgespräch gehen bzw. eingeladen werden, müssen Sie vorbereitet sein, auf etwaige Fragen Ihres potenziellen neuen Arbeitgebers zu Aussagen im Zeugnis Erklärungen abgeben zu können.

Sehr wahrscheinlich kennen Sie die Fragen am besten, die Sie bezogen auf den letzten Arbeitsplatz und das nicht so tolle Zeugnis in Verlegenheit bringen könnten. Also bereiten Sie sich vor, um zu wissen, was Sie auf entsprechende Fragen im Vorstellungsgespräch antworten sollten.

Übrigens Vorsicht bei Schuldzuweisungen, die Sie als Erklärung oder gar Rechtfertigung vornehmen. Ihr Gegenüber, der potenzielle neue Arbeitgeber, wird sehr genau hinhören, wie Sie verbal damit umgehen und Sie im schlimmsten Fall als »schwierigen Mitarbeiter« einschätzen. Massive Kritik am alten Arbeitgeber führt immer zu Rückschlüssen auf die Person des Bewerbers.

9. Safety first – aber nichts übertreiben

Beim Versand Ihrer schriftlichen Bewerbungsunterlagen sollten Sie lediglich Fotokopien Ihrer Originalzeugnisse verwenden. Die Originale bleiben stets bei Ihnen, und selbst wenn Sie zu einem persönlichen Vorstellungsgespräch eingeladen werden, brauchen Sie nicht damit zu rechnen, die Originale vorlegen zu müssen. Diesbezügliche sehr selten vorkommende Wünsche nach Einsichtnahme in die Originale wird Ihnen Ihr potenzieller neuer Arbeitgeber gesondert mitteilen. Auch die Beglaubigung von fotokopierten Arbeitszeugnissen ist unüblich, macht bei einem potenziellen neuen Arbeitgeber eher einen negativen Eindruck.

Der Arbeitszeugnis-Schnelltest

Für den schnellen Blick reichen dem Profi etwa 2 Minuten aus, um das vorliegende Arbeitszeugnis, grob einordnen zu können. Ein erster »Gesamterfassungs-Blick« und dann fängt man am Ende an und liest sich bis zur Verhaltensbeurteilung vor, wirft einen Blick auf die Gesamtzufriedenheitsaussage und schaut, ob die Arbeitsaufgaben einen ordentlich beschriebenen Eindruck machen.

Für den Profi ergibt sich insbesondere durch den kurzen »Gesamterfassungs-Blick« und die Gestaltung der Endformulierungen eine schnelle und schon ziemlich zuverlässige Einschätzung, ob das zu beurteilende Zeugnis in Ordnung ist oder Zweifel und damit eine genauere Prüfung angebracht sind. Sie werden dafür etwas länger brauchen, aber auch kaum mehr als 15 Minuten.

Die nun folgenden Prüfpunkte sind wichtige Weichensteller und sollten deshalb für den Beurteilten ohne jeden Zweifel positiv oder wenigstens unauffällig sein.

Verdeutlichen Sie sich zunächst, um was für ein Zeugnis es sich handelt, und schätzen Sie dann die Prüfpunkte ein. In der Addition ergeben diese Punkte eine erste Beurteilung.

1. Zeugnisart (ohne Punktbewertung)

- **fertige, unterschriebene Ausführung (evtl. schon älter)**
  ggf. noch eine Nachverhandlung möglich/notwendig

- **aktueller Entwurf, verhandelbar**
  jetzt kommt es darauf an klug zu prüfen und zu verhandeln, ohne dass sich die Fronten verhärten

- **Endzeugnis**
  hier sind die Weichen deutlich gestellt, ggf. nachverhandeln

- **Vorläufiges Endzeugnis**
  sollte eigentlich so sein, wie das Endzeugnis, kann aber bereits Anlass sein, sich sehr ernsthaft über Ungerechtigkeiten auseinander zu setzen

- **Zwischenzeugnis**
  sollte deutlich positiv klingen, um Sie zu motivieren, zu positiv aber auch nicht, Stichwort Wegloben

Ab hier bitte mit der Einschätzung und der Addition der Punktwerte beginnen.

2. Geschäftspapier (A4-Format, ungeknickt) mit vollständiger Unternehmens-Adresse

- okay, unauffällig (0 Punkte)
- nicht okay, weil z. B. vollständige Firmenanschrift (inkl. Tel.) fehlt (2 Punkte)

3. Keine Verwendung von Empfänger-Adressenfeld wie bei einem Brief

- okay (0 Punkte)
- nicht okay, Anschrift gehört nicht dort hin! (2 Punkte)

4. Beurteilungszeitraum (Verweildauer im Unternehmen)

- okay, unauffällig (0 Punkte)
- nicht sicher einschätzbar (1 Punkt)
- problematisch, weil sehr kurz (z. B. unter 2 Jahren) (2 Punkte)

5. Zeugnis-Textlänge (in Relation zur Mitarbeit-Verweildauer)

- okay, vernünftige Relation (0 Punkte)
- nicht sicher einschätzbar (1 Punkt)
- nicht okay, weil keine vernünftige Relation (3 Punkte)

6. Ausstellungsdatum (in Relation zu Ausscheidezeitpunkt)

- okay, unauffällig (0 Punkte)
- nicht sicher einschätzbar (1 Punkt)
- nicht okay, weil Abstand zu Ausscheidezeitpunkt deutlich divergiert (5 Punkte)

7. Ausscheidedatum

- okay, unauffällig (0 Punkte)
- nicht okay, zweifelhaft (5 Punkte)

8. Unterschrift des Zeugnisausstellers (identifizierbar/Funktion benannt)

- okay, les- und erkennbar als ranghöhere Person(en) (0 Punkte)
- nicht okay, weil nicht eindeutig les- und erkennbar als ranghöhere Person(en) (3 Punkte)

9. Kündigungsgrund (plausibel)

- okay, aufgeführt und akzeptabel (0 Punkte)
- nicht aufgeführt (1 Punkt)
- nicht sicher einschätzbar (1 Punkt)
- problematisch (3 Punkte)

10. Initiative (von wem ging die Kündigung aus)

- okay, aufgeführt (eigener Wunsch) (0 Punkte)
- aufgeführt aber problematisch (beiderseits) (1 Punkt)
- nicht sicher einschätzbar (1 Punkt)
- aufgeführt (arbeitgeberseitig) (3 Punkte)
- nicht aufgeführt (2 Punkte)

11. Bedauern über Beendigung

- okay, aufgeführt (0 Punkte)
- nicht aufgeführt (1 Punkt)
- problematisch, weil z. B. übertrieben oder schief ausgedrückt (4 Punkte)

12. Dank/Lob für geleistete Arbeit und/oder Zusammenarbeit

- okay, aufgeführt (0 Punkte)
- nicht aufgeführt (2 Punkte)
- problematisch, weil z. B. übertrieben oder schief ausgedrückt (4 Punkte)

13. Zukunftswünsche

- okay, aufgeführt (0 Punkte)
- leider nur sehr kurz und knapp (1 Punkt)
- nicht aufgeführt (3 Punkte)
- problematisch, weil übertrieben oder schief ausgedrückt (5 Punkte)

Auf einen schnellen Blick:

14. Verhaltensbeurteilung

- okay, gut bis unauffällig (0 Punkte)
- nicht sofort einschätzbar (1 Punkt)
- problematisch (3 Punkte)

15. Leistungsbeurteilung

- okay, gut bis unauffällig (0 Punkte)
- nicht sofort einschätzbar (1 Punkt)
- problematisch (3 Punkte)

16. Aufgabenbeschreibung

- okay, gut bis unauffällig (0 Punkte)
- nicht sofort einschätzbar (1 Punkt)
- problematisch (2 Punkte)

17. Keine (un-)auffälligen Markierungen und Zeichen (auch Ausrufezeichen)

- okay, keine Auffälligkeiten (0 Punkte)
- nicht sofort einschätzbar (1 Punkt)
- nicht okay, Auffälligkeiten (5 Punkte)

Zusammenfassende Beurteilung dieser ersten 17 wichtigen Punkte:

Zur Einschätzung allein dieser wichtigen Bausteine Ihres Zeugnisse: Addieren Sie Ihre Punkte. Generell gilt: Je weniger Punkte, desto besser. Und spätestens ab 7 Punkte sollten Sie einen Fachmann zu Rate ziehen.

1. okay, gut bis unauffällig auf den ersten Eindruck (bis 6 Punkte)
2. vielleicht nicht ganz okay, aber doch noch akzeptabler Eindruck (7-13 Punkte)
3. vielleicht doch insgesamt problematisch und überprüfenswert (14-19 Punkte)
4. Auffälligkeiten, Korrekturbedarf, problematischer Ersteindruck (ab 20 Punkten)

Will man dem durch das Arbeitszeugnis Beurteilten wirklich gerecht werden, ist eine gründliche Analyse aller wichtigen Abschnitte und Textbausteine notwendig. Sie setzen sich aus den formalen Aspekten, der Einleitung, den Arbeitsaufgaben, der Leistungs- und Verhaltensbeurteilung sowie den Abschlussformulierungen zusammen und vermitteln dem Leser ein Bild über die Arbeitsleistung und das Verhalten des beurteilten Arbeitnehmers.

Zeugnisbeispiele – Beispielzeugnisse

Die jetzt folgenden Zeugnisbeispiele sind an der Praxis orientiert und werden von uns im Hinblick auf ihre Aussage und Beurteilung kommentiert. Wir lassen uns jeweils von der Frage leiten: Wie (un)glücklich muss bzw. kann der so Beurteilte sein, wenn er das Zeugnis bei einer Bewerbung vorlegen will?

SCHNEIDER HANDELSVERTRETUNGEN

Wolfgang Schneider
Saarmünderstr. 145
54123 Kunnigen
Tel: 0469 – 34 56 78

Zeugnis

Herr Peter Briese, geboren am 23.4.1975 war in meiner Firma vom 1.3.1999 bis zum 31.12.2002 als kaufmännischer Angestellter beschäftigt.

Meine Handelsvertretung bedient Handwerksbetriebe des Gas-, Wasser-, Heizungs- und Elektroinstallationsgewerbes.

Der Einsatz von Herrn Briese erfolgte hauptsächlich im Direkt-Verkauf. Hier hat sich Herr Briese sehr schnell eingearbeitet und fundierte Kenntnisse meines gesamten Warenangebotes angeeignet. Seine Kundenberatung, auch am Telefon, war fachlich stets von guter Qualität.

Neben seiner Verkaufstätigkeit hatte er auch die Aufgabe, eine gewisse Anzahl von Lieferanten zu betreuen und den Einkauf und die Rechnungslegung der Lieferfirmen zu überprüfen.

Durch seine fundierten kaufmännischen Kenntnisse konnte ich Herrn Brise ebenfalls in meinem Büro einsetzen. Hier übernahm er - sowohl nach Diktat als auch selbstständig - die Korrespondenz. Auch die Kassenabrechnung hat er im wechselnden Turnus mit seinen Kollegen durchgeführt. Seine Kassenabrechnungen waren immer korrekt.

In den viereinhalb Jahren seiner Tätigkeit in meiner Firma habe ich Herrn Briese stets als engagierten und sehr gewissenhaften Mitarbeiter kennen und schätzen gelernt. Sein Arbeitsstil war geprägt durch Freude an seinen Aufgaben und sein Fleiß war vorbildlich.

Alle ihm übertragenen Aufgaben hat er stets zu meiner vollen Zufriedenheit erledigt. Sein Verhalten war immer einwandfrei und wir alle schätzen seine freundliche und angenehme Wesensart.

Herr Briese verlässt meinen Betrieb zum Jahresende auf eigenen Wunsch, um eine neue berufliche Herausforderung anzunehmen. Mit meinem Dank für die geleistete Arbeit verbinde ich meine guten Wünsche für seine berufliche und persönliche Entwicklung.
Viel Glück und Erfolg!

Kunnigen, 31.12.2002

Wolfgang Schneider

Kommentar

Jetzt sind die vorher kritisierten Mängel und Zweifel beseitigt. Der Inhaber erklärt sogar noch den Geschäftsgegenstand, eine Aufklärung, die durchaus positiv zu bewerten ist. Aufgaben und Leistungen sind nun mehr eindeutig und sehr lobend benannt.

Dieser Stil ist klar, und das Zeugnis wäre mit gut (vielleicht sogar noch etwas besser) zu bewerten, wäre da nicht ein dummer überflüssiger Patzer. Das Ausrufezeichen nach den guten Wünschen darf nicht sein. Hier könnte der Leser nämlich eine Ironisierung erkennen. Ansonsten eine wirkliche Verbesserung. Dass die Überschrift unterstrichen ist, ist übrigens ohne Bedeutung. Andere Passagen (eventuelle Ausnahme: der Name) dürfen nicht unterstrichen werden.

Fazit

Ohne das Ausrufezeichen Note: 2+

Bei den nun folgenden Beispielen verzichten wir darauf, die Verwendung von Firmenbriefpapier anzudeuten. Es soll aber hier noch einmal deutlich betont werden, dass es ohne Firmenpapier, auf dem auch alle Geschäftsdaten stehen, keinesfalls geht.

Zeugnis

Herr Bernd Müller, geb. am 3.2.1969,
wohnhaft in der Nabelstr. 29
in 55203 Zahlendorf 3,

trat am 1.2.1998 als kaufmännischer Angestellter in unser Unternehmen ein.

Aufgrund seiner guten Auffassungsgabe konnte die Einarbeitung in seinen Aufgabenbereich als Verkaufssachbearbeiter schnell und problemlos erfolgen.

Zu den wesentlichen Tätigkeiten in seinem Arbeitsbereich gehörten der telefonische Kontakt zu unserer Kundschaft, die selbstständige Bearbeitung der eingehenden Interessentenanfragen, das Erstellen von Angeboten auf der Grundlage unserer Rahmenkonditionen, die Auftragsannahme und -bearbeitung sowie die Kartei- und Kassenführung, die Ablage und allgemeine Büroarbeiten.

Wir können Herrn Müller bestätigen, dass er über gute Fachkenntnisse verfügt, die er in seiner täglich anfallenden Arbeit geschickt einzusetzen weiß. Stets erledigte er alle ihm übertragenen Aufgaben zu unserer vollsten Zufriedenheit. Besonders betonen möchten wir seine enorme Einsatzbereitschaft und Loyalität gegenüber unserem Unternehmen. Durch seine gerade, aufrichtige Art war er bei seinen Vorgesetzten und Kollegen gleichermaßen beliebt wie auch geschätzt.

Herr Müller ist zum 31.3.2003 auf eigenen Wunsch aus unserem Unternehmen ausgeschieden, um sich einem Fachstudium zu widmen.
Wir respektieren seine Entscheidung und wünschen ihm für seine berufliche wie auch private Zukunft alles Gute.

Zahlendorf, 1. April 2003

ABC Bauteile-GmbH

i.V. i.V.

Meier Lerche

Kommentar
Kompetenz und Rang der Unterzeichnenden sind nicht zu identifizieren. Das Ausstellungsdatum ist unauffällig. Der Ausscheidungsgrund erscheint glaubhaft, der Dank für geleistete Arbeit stellt ein Extra-Lob dar und steht im Kontrast zu den zuerst genannten Auffälligkeiten. Aber: die Initiative zum Ausscheiden ist unterstrichen, was nicht akzeptiert werden kann. Hier muss Ärger vermutet werden. Da stimmt etwas nicht und das mit sehr hoher Wahrscheinlichkeit, denn bei dem Aussteller handelt es sich ja nicht gerade um einen *Drei-Mann-Handwerksbetrieb*, der es vielleicht nicht besser weiß.

Heutzutage im Arbeitszeugnis noch die Adresse des Arbeitnehmers anzugeben, ist eigentlich unzulässig, und in dieser Form auch noch absolut unprofessionell.

Die Aufzählung der Tätigkeiten ist – gelinde gesagt – etwas nebulös, ebenso wie die Formulierungen »können wir bestätigen . . . « und »Fachkenntnisse geschickt einzusetzen wissen«. Das entwertet die »stets vollste Zufriedenheit«, und auch bei der Beschreibung von Charakter und Führung tut man Herrn Müller mit diesen Formulierungen nicht viel Gutes. Zum Teil wird übertrieben, fast schon ironisch klingend formuliert und andererseits: manches Lob klingt nicht so, als ob es freiwillig, gerne und mit gutem Gewissen gegeben wird. Auch die Abschlussformel ist doch eher zurückhaltend gewählt (nur: alles Gute).

Fazit
Der Aussagewert ist für den so Beurteilten absolut zweifelhaft. Dieses Zeugnis sollte zurückgegeben und überarbeitet werden. Einschätzung: wenig hilfreich für den Empfänger und somit kaum noch ausreichend. Die angemessene Note wäre also 4-.

Arbeitszeugnis

Frau Barbara Igel, geboren am 23. November 1960, war bei uns
vom 1.Februar 2002 bis zum 31.Dezember 2002 als Sachbearbeiterin
für den Einkauf tätig.

Frau Igel hat sich schnell eingearbeitet. Zu ihrem Aufgabengebiet gehörten die laufende Bestellung von Handelswaren sowie die Kontrolle der Warenlieferungen und die Rechnungsüberprüfung. Die Bestellerfassung und das Verbuchen der eingehenden Warenlieferungen erfolgte mittels EDV. Außerdem war Frau Igel für die Überwachung der Lagerbestände, für die Pflege der Artikelstammdaten sowie für die Aktualisierung unserer Preisliste zuständig.

Die zu ihrem Aufgabengebiet gehörenden Tätigkeiten hat Frau Igel immer selbstständig und stets zu unserer vollsten Zufriedenheit ausgeführt. Sie verfügt über fundierte Fachkenntnisse und war immer gut belastbar.

Ihr Verhalten gegenüber Vorgesetzten und Kollegen war jederzeit einwandfrei. Unsere Geschäftspartner schätzen ihre freundliche und verbindliche Wesensart.

Wegen erheblicher betriebsbedingter Einsparungen mussten wir das Arbeitsverhältnis mit Frau Igel zum 31.Dezember 2002 leider auflösen.

Wir bedauern diese Entscheidung sehr und wünschen Frau Igel für ihren weiteren beruflichen Weg alles Gute und viel Erfolg.

Hannover, 2.1.2003

UNOXINA-GMBH

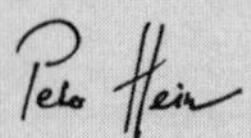

Peter Hein
Geschäftsführer

Kommentar
Der Unterzeichner ist in seiner Kompetenz glaubhaft und klar ausgewiesen, ebenso wie der Kündigungsgrund. Die kurze Verweildauer rechtfertigt die knappe inhaltliche Form, die jedoch alles Wesentliche enthält und positiv zur Darstellung bringt. Auch das Ausstellungsdatum zeigt keine Auffälligkeiten. Trotzdem muss man sich fragen, ob dieses Zeugnis auf Grund der doch ziemlich kurzen Verweildauer im Unternehmen wirklich einen klaren positiven Wert für die beurteilte Arbeitnehmerin hat.

Generell gilt: Beurteilungszeiträume von weniger als einem Jahr haben so gut wie keine positive Kraft für den Empfänger. Sollten Sie beispielsweise über 40 Jahre alt sein und nach eineinhalb Jahren wechseln (müssen/wollen), so wäre auch dieser Zeitraum angesichts Ihres Alter für eine positive Beurteilung Ihrer Arbeitsleistungen nicht wirklich stabil. Negative Beurteilungen dagegen wirken um so stärker, sieht der Leser doch auf Grund der kurzen Verweildauer, dass es wohl Probleme gab. Gemein, aber so wird ein Zeugnis nun mal interpretiert.

Aber: Auch wenn der Zeitraum nur sehr kurz war - verzichten Sie niemals auf ein Arbeitszeugnis.

Fazit
Ein wirklich ordentliches Zeugnis, aber wegen der Verweildauer leider nur von bedingtem Gewinn. Wenn ein Anruf den Sachverhalt der betriebsbedingten Kündigung bestätigt und man Frau Igel mündlich empfehlen würde, sähe es für die Beurteilte besser aus. Ergo: Frau Igel könnte/sollte im Vorstellungsgespräch selbst darauf hinweisen und eine Referenzeinholung beim alten Arbeitgeber vorschlagen. Das macht in der Regel (selbst wenn davon nicht Gebrauch gemacht wird) einen guten Eindruck.

Einschätzung: zwischen vielleicht gut und doch nur befriedigend, weil der Beurteilungszeitraum so kurz war. Note: 2–3.

Wichtiger Hinweis für den Leser: Wenn möglich eine Referenz (z. B. für telefonische Nachfragen) mit dem Aussteller (Chef) abklären und dann bei zukünftigen Bewerbungen aktiv ansprechen und anbieten, dass eine Referenz eingeholt werden darf.

Zeugnis

Mannheim, den 1.9.2003

Herr Diplom-Ingenieur Dr. Heinz Lange, geboren am 12. Juli 1955 in München, war vom 15. März 1997 bis zum 30. Juni 2003 als wissenschaftlicher Mitarbeiter am Gustav-Gans-Institut für Fördertechnik und Konstruktionsanlagen im Bereich Planungstechnik tätig.

Die Forschungsarbeiten am Gustav-Gans-Institut dienen der Entwicklung zukunftsweisender Technologien, wobei der Institutsbereich Planungswesen sich an einem integrierten Fabrikbetrieb orientiert. Im Vordergrund steht hierbei die Umsetzung neuer Erkenntnisse bei der Lösung industrieller Aufgaben, deren Schwerpunkte in der rechnerunterstützten Fertigungsplanung und -steuerung, der prototypischen Realisierung und Erprobung von Fertigungsprozessen liegen.

Im Rahmen seiner Forschungstätigkeit führte Herr Dr. Lange zunächst Projekte für industrielle Auftraggeber im Bereich der Montageplanung und Automatisierung eigenverantwortlich und mit großem Engagement durch. Seine an der Praxis orientierten und durch große Fachkompetenz überzeugenden Arbeitsergebnisse erweckten bei den Vertragspartnern stets rege Aufmerksamkeit und hohe Anerkennung.

Weitere Forschungsarbeiten von Herrn Dr. Lange konzentrierten sich auf Projekte der Elektro-, Kommunikations-, Flug-, Bahn- und Schiffbaubranche. Dabei konnte er im Rahmen eines BMF-geförderten Projektes zur Humanisierung des Arbeitslebens seine Fähigkeiten zur interdisziplinären Zusammenarbeit überzeugend unter Beweis stellen.

Im Sommer 2000 konnten wir Herrn Dr. Lange die Leitung einer Forschungsgruppe für Fördertechniksysteme übertragen. Mit vorbildlichem Einsatz führte er die ihm unterstellten acht Kollegen, allesamt Ingenieure, wiederholt zu anerkennenswerten Projektergebnissen. Sein kooperativer Führungsstil und sein personenbezogenes Gerechtigkeitsempfinden brachten ihm von Seiten der Mitarbeiter - neben seiner speziellen Fachkompetenz - auch die Anerkennung als exzellente Führungskraft ein.

Seine mit Überzeugung vorgetragenen Sachkenntnisse befähigten Herrn Dr. Lange zur erfolgreichen Akquisition verschiedener Projekte mit Partnern aus den Bereichen Industrie und Forschung. Damit verfügt er auch über eine verkäuferische Kompetenz, die bei Personen mit seiner Ausbildung eher selten anzutreffen ist.

Besonders hervorzuheben ist seine konzeptionelle Planung einer halbautomatischen Schweißanlage für den Flugkörperbau. Seine innovativen Ideen konnten in verschiedenen weiterführenden Projekten mit industriellen Partnern erfolgreich in der Praxis realisiert werden.

In zahlreichen Veröffentlichungen und Vorträgen im In- und Ausland sowie auf Fachkongressen hat Herr Dr. Lange seine wissenschaftlichen Erkenntnisse einer größeren Fachöffentlichkeit vorgestellt und dabei immer große Anerkennung gefunden.

Herr Dr. Lange hat alle ihm übertragenen Aufgaben stets zu unserer vollsten Zufriedenheit ausgeführt und war durch seine stets hilfsbereite und kooperative Wesensart bei Vorgesetzten und Kollegen gleichermaßen anerkannt und beliebt. Seine Mitarbeiter schätzten ihn und bei seinen Projektpartnern hat er sich jederzeit durch Sachlichkeit und Verbindlichkeit hohe Anerkennung erworben.

Herr Dr. Lange verlässt uns fristgerecht und auf eigenen Wunsch, um sich neuen Herausforderungen in der industriellen Produktion von Förderbandsystemen zu stellen.

Wir bedauern seinen Weggang und danken ihm für sein Engagement und die angenehme und ertragreiche Zusammenarbeit. Für seine berufliche und private Zukunft wünschen wir Herrn Dr. Lange alles Gute und weiterhin viel Erfolg.

Gustav-Gans-Institut

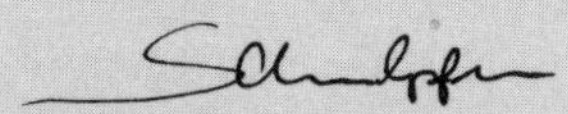

Prof. Dr. H.-B. Schimmelpfennig
Leiter des Instituts

Kommentar

Angemessen ausführliches Zeugnis mit sehr positivem, glaubwürdigem Abschluss. Informative, individuell formulierte und wichtige Details mit viel Lob und Anerkennung. Das Wohlwollen kommt vollständig zum Ausdruck, alle wichtigen Zeugnisbestandteile (Fachkompetenz, Projekte, Mitarbeiterführung, Gesamtleistungsbeurteilung und Verhalten) sind berücksichtigt. Besonders der Abschluss ist mustergültig nach allen Regeln der Kunst ausformuliert. Entweder soll hier jemand weggelobt werden (bös gedacht), oder der so Beschriebene ist wirklich gut, vielleicht sogar exzellent. Ein Telefonat bringt Klärung (falls man sehr misstrauisch veranlagt ist).

Einzige Auffälligkeit: Differenz zwischen dem Zeitpunkt des Ausscheidens und dem Ausstellungsdatum (allerdings im Wissenschaftsbereich nicht unüblich). Und trotzdem: Sie sollten unbedingt darauf bestehen, ein mit dem Zeugnisausstellungsdatum identisches Austrittsdatum zu bekommen.

Fazit

Rundum positiv für den Beurteilten, wenn der Zeugnisaussteller dies auch telefonisch auf Nachfrage bestätigt und das Ausstellungsdatum auf den 1. Juli korrigiert wird. Einschätzung: sehr gut, hilfreich für weitere Bewerbungen. Note: 1.

Unterbechenbach, den 30.12.2001

Zeugnis

Herr Claus Ibel, * am 18.12.1951, war in der Zeit vom 1.1.1998 bis zum 31.12.2001 ohne Unterbrechung und vollschichtig als Diplom-Sozialpädagoge in unserer Rehabilitationsklinik tätig.

Unsere Klinik hat 250 Betten und behandelt Patienten mit Erkrankungen des Herz-Kreislaufsystems, der Atemwege sowie mit degenerativ und rheumatisch bedingten Erkrankungen der Bewegungsorgane, und führt AHB-Maßnahmen bei Herz-Kreislauferkrankungen durch.

Herr Ibel leitete schwerpunktmäßig Patientengruppen in der progressiven Muskelrelaxation nach JACOBSON an sowie im autogenen Training.

Ein weiterer Schwerpunkt seiner Arbeit stellte die Risikofaktorenproblematik von Patienten mit koronarer Herzerkrankung dar. Im Zuge von Gesundheitstrainingskursen oblag ihm die eigenverantwortliche Leitung eines aktiven Nichtrauchertrainings. Darüber hinaus führte Herr Ibel verhaltens- und gesprächstherapeutisch orientierte Einzel- und Gruppensitzungen bei Patienten mit psychosomatischen Erkrankungen durch.

Herr Ibel zeigte sich an den klinikinternen medizinisch und psychotherapeutisch orientierten Fortbildungsveranstaltungen sehr interessiert.

Die ihm übertragenen Aufgaben erledigte er stets engagiert und schaffte auch das vorgegebene Arbeitspensum.

Im Umgang mit Vorgesetzten, Nachgeordneten und Kollegen zeigte sich Herr Ibel aufgeschlossen und freundlich, gegenüber Patienten war er zugewandt und verständnisvoll.

Der zeitlich befristete Arbeitsvertrag endet mit dem heutigen Datum und kann leider nicht verlängert werden. Für die Zukunft wünschen wir Herrn Ibel alles Gute.

Dr. med. H. Nonnenmacher
Leitender Arzt

Kommentar

Der Unterzeichnende ist kompetent ausgewiesen. Schade, dass wir nichts über die Gründe der Nicht-Vertragsverlängerung erfahren. Die Zeugnislänge ist in Ordnung. Dagegen sind die Zukunftswünsche leider sehr dürftig, aber angesichts des gesamten Zeugnisstils und unter Berücksichtigung der Branche gelten etwas andere Interpretationsmaßstäbe. Das trifft auch auf das »Fortbildungsinteresse« ebenso zu, wie auf das »Arbeitspensum« und die nicht standardisierte Zufriedenheitsaussage.

Beanstandungen im Sozialverhalten signalisiert die falsche Reihenfolge »Vorgesetzte, Nachgeordnete und Kollegen«. Korrekt wäre: Vorgesetzte/Kollegen/Nachgeordnete/Patienten. Alternativ dürften die Patienten auch zuerst benannt werden und die folgenden Personengruppen dann in streng hierarchischer Reihenfolge. Auch wenn der Kunde (bzw. Patient) König ist, gibt die im Zeugnis gewählte Aufzählungsreihenfolge Anlass zur Besorgnis. Der aus Arztbriefen übernommene Stern statt »geboren« ist nicht akzeptabel.

Fazit

Ein unbefriedigendes Zeugnis. Note: höchstens 3–4.

Kommentar (bitte lesen Sie zuerst den Zeugnistext von Herrn Gutzeit)

Herrn Gutzeit kennen Sie ja bereits. Hier noch einmal ein etwas anderes Zeugnis. Wie würden Sie es beurteilen? Hier unsere Einschätzung: Der Unterzeichner weist seine Kompetenz leider nicht ausreichend aus, bei einer Hausmeisterposition muss der Geschäftsführer aber nicht persönlich unterschreiben. Tut er es dennoch, umso besser. Die Abschlussformel mit Dank, aber ohne Bedauern, beinhaltet freundliche Zukunftswünsche. Die Aussagen zum Verhalten klingen sehr positiv, die Reihenfolge ist korrekt eingehalten.

Die zusammenfassende Leistungsbeurteilung enthält ein deutliches Lob. Wir erfahren viel über Arbeitsweise und Leistungsvermögen. Auch die Arbeitsaufgaben sind angemessen benannt. Ein wirklich gutes Zeugnis. Aber zwei Sachen stören: Das Zeugnis wurde zu spät ausgestellt: Verdächtig. Und noch etwas ist nicht zu übersehen: Die an sich sehr positive Zufriedenheitsaussage ist kursiv gedruckt. Das darf nicht sein und gibt Anlass zu schlechten Vermutungen.

Fazit

Eine Korrektur ist dringend zu empfehlen. Ohne Datumsänderung und der angesprochenen Änderung der Schrift ist das Zeugnis ein zukünftiger Stolperstein. Note: 3–4.

Zeugnis

Herr Heinz Gutzeit, geboren am 31.8.1951 in Berlin, war vom 1.12.1999 bis zum 31.12.2002 als Hausmeister für den gesamten Gebäudekomplex Normannenstraße zuständig.

Zu seinen Hauptaufgaben gehörten der Schließdienst für alle Haupt- und Nebengebäude, die gärtnerische Betreuung der Außenanlagen, die Durchführung kleinerer Reparaturarbeiten, die Überwachung von Handwerksarbeiten sowie die Kontrolle des externen Reinigungsdienstes.

Ab Juli 2000 übernahm Herr Gutzeit zusätzlich die Pflege des Fuhrparks, der aus drei PKWs und fünf Kleintransportern bestand.

Herr Gutzeit war bereits schon nach kurzer Einarbeitungszeit den Aufgaben voll gewachsen und konnte durch seine ausgeprägte handwerkliche Befähigung vielfältig und immer mit gutem Erfolg eingesetzt werden. Er bewies häufig überdurchschnittliche Einsatzbereitbereitschaft und erledigte die ihm zugeteilten Aufgaben zuverlässig, sorgfältig und verantwortungsbewusst. Bei seiner Arbeit zeigte er viel Eigeninitiative und mit seiner Leistung insgesamt waren wir *stets voll und ganz zufrieden*.

Die Führung von Herrn Gutzeit war jederzeit einwandfrei.
Bei Vorgesetzten und Kollegen war er gleichermaßen anerkannt und beliebt. Unsere Mieter schätzen seine hilfsbereite und stets höfliche Wesensart.

Herr Gutzeit verlässt uns auf eigenen Wunsch. Wir danken ihm für die gute Zusammenarbeit wünschen ihm für seinen weiteren Berufs- und Lebensweg alles Gute und viel Erfolg.

Hannover, 15.2.2003
Hartmann Hausverwaltungsgesellschaft

Ebersbächer

Ebersbächer
Personalbüro

Zeugnis

Die Diplom-Kauffrau Hilde Mars, geboren am 1.6.1965, war vom 1.1.1998 bis zum 30.8.2002 als Mitarbeiterin der Marketing-Abteilung unseres Unternehmens tätig.

Ihr Aufgabengebiet umfasste neben typisch administrativen Arbeiten in Absprache mit dem verantwortlichen Marketingleiter vor allem die selbstständige Angebots- und Auftragsabwicklung sämtlicher Fremdleistungen in den Bereichen Marketingservice und PR-Arbeit. Für diesen Bereich oblag ihr auch die eigenverantwortliche Budgetführung nach Festlegung des Gesamtrahmens.

Frau Mars zeichnete sich durch kreatives Organisationstalent und hohe soziale Kompetenz aus, was ihr bei der Anleitung der ihr unterstellten Mitarbeiter voll zugute kam. Auch im Umgang mit für die Arbeit notwendigen Außenkontakten wusste sie diese Fähigkeiten gut einzusetzen. Wir können Frau Mars bescheinigen, dass sie die ihr von uns übertragenen Aufgaben immer zu unserer Zufriedenheit gut gelöst hat.

Dabei wirkte sie in ihrer Arbeit stets souverän und verhandlungssicher und war bei Vorgesetzten, Kollegen und Mitarbeitern gleichermaßen beliebt und anerkannt.
Ihre Führung war somit einwandfrei.

Das Arbeitsverhältnis endet im beiderseitigen Einvernehmen zum 30.8.2002
Wir wünschen Frau Mars alles Gute.

Hagen, den 10.9.2002

Hans Bertram
Personalreferent

Kommentar
Ein unakzeptables, weil miserables Zeugnis: Angefangen vom Unterzeichner (Rang, Kompetenz?), dem falschen oder krummen Ausscheidedatum und dem späteren Ausstellungsdatum (über eine Woche später), über die nur mangelhaften Zukunftswünsche bis hin zu den abgerungenen Aussagen des dritten und vierten Absatzes (»Wir können bescheinigen . . . «/»Ihre Führung war somit einwandfrei.«). Das Ende »im beiderseitigen Einvernehmen« ist wohl geschönt. Hier ahnt man schnell: Es muss etwas sehr schief gelaufen sein. Dicke Probleme sind im Zeugnis verankert und warnen vor dieser Arbeitnehmerin.

Fazit
Eine Bremse für alle weiteren Bewerbungen. Unakzeptabel (s. o.). Entweder eine komplette Überarbeitung oder eine Klage vor dem Arbeitsgericht. Einschätzung: Absolut mangelhaft. Note: 5.

Zeugnis

Frau Andrea Kösch, geboren am 17. Oktober 1972 in Lüneburg, absolvierte in unserem Haus in der Zeit vom 1. September 1989 bis zum 15. Januar 1992 eine Ausbildung zur Bankkauffrau. Hierüber liegt ein gesondertes Zeugnis vor.

Nach erfolgreich abgeschlossener Ausbildung übernahmen wir Frau Kösch in ein unbefristetes Angestelltenverhältnis.
Zunächst beschäftigten wir sie über einen Zeitraum von vier Jahren in unserer Zweigstelle Besel (bei Flensburg). Ihr Aufgabenbereich umfasste zunächst die Giro-Disposition und ab Januar 1994 schwerpunktmäßig alle Tätigkeiten am Schalter mit abschließender Beratung sowie Kundenbetreuung im allgemeinen Bankgeschäft. Daneben nahm Frau Kösch Vertretungen in allen Sachbereichen der Zweigstelle sowie interne Kontrollen und Sonderaufgaben wahr.

Ab September 1995 kam Frau Kösch zum Zwecke ihrer weiteren beruflichen Entwicklung im Rahmen ihrer Bezirks-Personalreserve in unserer Hauptbank im klassischen Kreditgeschäft zum Einsatz. Hier wurde sie insbesondere mit der laufnden Überwachung von Engagements, dem Aufbereiten der Unterlagen für Kreditgespräche und -entscheidungen, der Sicherheitenbestellung und -überwachung, Korrespondenzerledigung sowie Gliederung und Analyse von Jahresabschlüssen betraut. Auch die Unterweisung von Auszubildenden in diesem Bereich konnte ihr bedenkenlos übertragen werden.

Frau Kösch hat sich der ihr übertragenen Aufgaben stets mit großem Engagement angenommen und diese zügig und zuverlässig zu unserer vollen Zufriedenheit bewältigt. Neben der Praxis erweiterte sie in bankinternen Seminaren ständig ihr Fachwissen.

Aufgrund ihrer Aufgeschlossenheit und Hilfsbereitschaft wurde Frau Kösch geschätzt. Wegen ihres höflichen, zuvorkommenden Auftretens war sie allseits gern gesehen. Ihre Führung war ohne jeden Tadel.

Mit Ablauf des heutigen Tages scheidet Frau Kösch aus eigenem Entschluss bei uns aus, um ein Studium aufzunehmen.

Wir wünschen ihr für die Zukunft alles Gute und viel Erfolg.

Kiel, 31. Juni 2002

DEUTSCHE LANDESBANK AG
in Kiel

Kommentar
Formal ist fast alles in Ordnung, bis auf die Identifikation der Unterschrift (wieder mal). Alle wichtigen Aspekte werden angesprochen, kein Wunder bei diesem renommierten Bankhaus. Aber: Haben Sie den Tippfehler entdeckt (*laufnden*)? Peanuts, jedoch korrekturbedürftig. Deshalb achten Sie neben der korrekten Aufgabenbeschreibung und Beurteilung unbedingt auch auf stilistische, grammatikalische und orthografische Korrektheit.

Fazit
Ordentliches Zeugnis (nach der orthografischen Verbesserung). Einschätzung: Die Kandidatin erscheint empfehlenswert. Note: 1–2.

Zeugnis

Frau Christine Sattler begann ihre Tätigkeit am 15. April 1997 in einem befristeten Arbeitsverhältnis, zunächst betraut mit der Auftragsabwicklung im Bereich Geldzählmaschinen für das Werk Hannover. Zum 1. Januar 1998 wurde sie vom Werk Hannover aufgrund ihrer guten Leistungen in ein unbefristetes Arbeitsverhältnis übernommen.

Zu ihrem Aufgabenbereich gehörten insbesondere die Materialplanung, die terminliche Koordination der Lieferanten und allgemeine betriebswirtschaftliche Planungs- und Abrechnungsaufgaben.

Im Frühjahr 1999 wurde ihr die Verantwortung für die gesamte Auftragsabwicklung in diesem Bereich übertragen. Im September 2000 wechselte sie als Sachbearbeiterin für die Auftragsabwicklung in den Produktionsablauf der Fertigungsabteilung. Dieses Aufgabengebiet umfasste die Analyse technischer Entwicklungsunterlagen, die Aufstellung von Kosten-Deckungsrechnungen sowie zusätzlich ab 2001 die Koordination eines internationalen Handelsprojektes im Rahmen der technischen Auftragsabwicklungsdienste einer unserer Tochtergesellschaften.

Im September 2003 wechselte Frau Sattler in den zentralen Vertrieb. In ihrem Zuständigkeitsbereich lagen die Key-Accounts für Geldsortiermaschinen. Sie hatte bei den ihr zugeteilten Kunden Ist- und Sollanalysen durchzuführen sowie auf die Einhaltung des Kreditrahmens zu achten. Damit waren auch Änderungen in der EDV-überwachten Finanzplanung verbunden, zu deren Gelingen sie maßgeblich beitrug.

Zum 1. Mai 2005 übernahm Frau Sattler die Tätigkeit als Hauptvertriebsbeauftragte im Bereich Geldsortiermaschinen für Großkunden aus dem öffentlichen Dienst. Damit verbunden war die Personalverantwortung für 15 Vertriebsmitarbeiter. In dieser Tätigkeit setzte Frau Sattler mit ihrem Team erfolgreich verschiedene Projekte mit Kommunen und Städten um und übernahm auch eigenverantwortlich die Messebetreuung unserer wichtigsten Kunden in diesem Bereich.

Frau Sattler ist eine äußerst engagierte, stets motivierte und gut belastbare Mitarbeiterin, die durch ihre fehlerfreie, sorgfältige und exakte Arbeitsweise zu hervorragenden Ergebnissen kommt. Sie verfügt über eine hohe soziale

Kompetenz und hat dadurch ihre Mitarbeiter immer zu guten Leistungen motivieren können. Neben ihren betrieblichen Aufgaben hat sie sich immer wieder mit guten Erfolg fortgebildet.

Alle ihr übertragenen Aufgaben hat Frau Sattler jederzeit zu unserer vollsten Zufriedenheit erfüllt.

Die Führung von Frau Sattler war stets vorbildlich, die Zusammenarbeit mit ihr immer ausgezeichnet. Ihr Verhalten gegenüber Vorgesetzten, Kollegen und Kunden war geprägt durch ihre freundlich verbindliche Wesensart. Von ihren Mitarbeitern wurde sie aufgrund ihrer Fairness und Ihres mitarbeitzentrierten Führungsstils stets geschätzt.

Mit dem heutigen Datum verlässt Frau Sattler unser Unternehmen auf eigenen Wunsch, was wir bedauern. Für ihren zukünftigen Berufs- und Lebensweg wünschen wir ihr alles Gute und weiterhin viel Erfolg.

Karlsruhe, 31. Dezember 2005
ABC DEUTSCHLAND GMBH

Kommentar
Die Unterzeichnenden sind wieder einmal in Ranghöhe und Kompetenz nicht zu identifizieren. Ähnlich zurückhaltend wird die Beurteilte ohne Berufsbezeichnung und dem üblicherweise genannten Geburtsdatum vorgestellt, um nachfolgend die verschiedenen Berufsstationen (übrigens in einem sehr großen und bekannten Unternehmen) zu referieren. Lob und Wertschätzung werden gegen Ende sehr ordentlich bis sehr gut eingebracht. Allein schon die Entwicklung im Unternehmen lässt ahnen, das die Beurteilte auf Grund ihrer Leistungen vorangekommen ist.

Bedauernsformel und Zukunftswünsche sind vorbildlich formuliert, was fehlt, wäre der Dank (muss aber nicht in jedem Fall sein, immerhin gab es ein gutes Gehalt. Manche Arbeitgeber weigern sich grundsätzlich, sich im Zeugnis zu bedanken).

Fazit
Ein wirklich gutes Zeugnis, bis auf die außergewöhnlich zurückhaltende Einleitung. Vielleicht lässt sich da noch etwas korrigieren. Einschätzung trotzdem: Die Beurteilte kann insgesamt zufrieden sein. Note: 2+.

Zeugnis

Herr Christoph H. Pons, geboren am 16.10. 1968 in Berlin,
war vom 1.8.1999 bis zum 30.6.2002 als

Verkaufsleiter/stellvertretender Geschäftsführer

in unserer Betriebsgesellschaft, dem Hotel Adler in Füssen, beschäftigt.

Während der Pre-Opening-Phase und bei der Markteinführung unseres dritten Hauses war Herr Pons in Zusammenarbeit mit den Gesellschaftern federführend mit der Gestaltung unserer geschäftspolitischen Richtlinien (Budgets) betraut. Dazu gehörte auch die Organisation unseres Betriebsablaufes sowie die Einstellung, Schulung und Kontrolle von ca. 50 Mitarbeitern.

In seiner Eigenschaft als Verkaufsleiter war Herr Pons für die Planung und Durchführung von Verkaufs- und Werbeaktionen auf dem deutschen und internationalen Markt sowie für die Auslastung unseres Hotelbetriebes eigenverantwortlich tätig. Darüber hinaus gehörte es zu seinen Pflichten, unsere Gesellschaft gegenüber Gästen und Geschäftspartnern in Vertretung der Gesellschafter zu repräsentieren. Dabei zeigte er mit Erfolg ein ausgeprägtes wirtschaftliches Denken und Handeln.

Ab dem 1.1.2000 wurde Herr Pons zusätzlich mit dem Aufbau einer Tagungs- und Bankettabteilung in unserer Gesellschaft beauftragt. Gerne bestätigen wir, mit den Leistungen von Herrn Pons stets sehr zufrieden gewesen zu sein. Schon nach kurzer Einarbeitung zeigte er hohes Können und überdurchschnittlichen Einsatz. Des Weiteren zeichnete er sich besonders durch präzise Arbeitsweise, ausgeprägtes Organisationstalent und kluges Verhandlungsgeschick aus.

Dabei ist positiv anzumerken, dass Herr Pons auch auf seine eigene Initiative hin stets die von der Hotel- und Gaststättenakademie angebotenen Fortbildungsveranstaltungen besuchte.

In Herrn Pons haben wir einen äußerst vertrauenswürdigen und in jeder Hinsicht zuverlässigen Mitarbeiter kennengelernt, dessen Verhalten gegenüber Vorgesetzten, Mitarbeitern und Gästen stets einwandfrei war.

Durch seine fundierte Kompetenz und sichere Urteilskraft vermochte sich Herr Pons auch in schwierigen Situationen gut zu behaupten und zeigte sich auch unter Belastungen immer souverän.

Seine guten Führungsqualitäten erleichterten ihm dabei seine Aufgabe, die ihm unterstellten Mitarbeiter zu motivieren und zu guten eigenverantwortlichen Leistungen zu führen.

Wir bedauern das Ausscheiden von Herrn Pons aus unserem Unternehmen, das er auf eigenen Wunsch verlässt. Mit dem Dank für die erfolgreiche Zusammenarbeit verbinden wir unsere guten Wünsche für seinen weiteren Lebens- und Berufsweg.

Füssen, 1.7.2001

BETRIEBSGESELLSCHAFT HOTEL ADLER GMBH

Dr. Dieter Fitz
Geschäftsführender Hauptgesellschafter

Kommentar
Formal und inhaltlich scheint auf den ersten Blick alles in Ordnung (die Dankes-Bedauern- und Zukunftsformel sowie die Unterschrift entsprechen der guten Norm). Die Ausführlichkeit und Wertschätzung ist zu loben. Auffallend und störend ist jedoch die Formulierung »Gerne bestätigen wir ... «

Fazit
Ein gutes, vielleicht sogar noch besseres Zeugnis, wenn die eine beanstandete Floskel nicht wäre. Einschätzung trotzdem: Note 2.

Noch eine generelle Anmerkung: Selbst große, renommierte Unternehmen mit sicherlich nicht gering besetzten Personalabteilungen schreiben stilistisch unzumutbare Arbeitszeugnisse. Die hier vorgestellten Beispiele sind der Alltagsrealität entnommen. Wenn der Geschäftsinhaber eines Kleinbetriebes, wie z. B. beim Zeugnis für »Herrn Briese«, nicht brillant formulieren kann, ist das tolerabel, wenn aber Weltunternehmen Arbeitszeugnisse ausstellen, die unter dem formalen und stilistischen Mittelmaß liegen, ist das ebenso erstaunlich wie ärgerlich. Ein bisschen mehr Sorgfalt, praktizierte Wertschätzung auch für ausscheidende Mitarbeiter, darf man mit Recht erwarten.

1.Version

Zwischenzeugnis

Frau Antonia Arndt, geb. am 18.4.1967 in Peine, wurde in der Zeit vom 1. Juli 1989 bis 31. Juli 1990 als Stenotypistin in unserem Unternehmen beschäftigt und seit 1. August 1990 hat sie die Aufgaben einer Sekretärin in unserer Vertriebsleitung zu erledigen.

Frau Arndt wurde zunächst in der Vertriebsabteilung mit der Kundenkorrespondenz betraut, die sie nach Diktat oder Stichworten erledigte. Außerdem führte sie unsere Beschaffungs- und Lagerkartei.

Neben der Tätigkeit in unserer Firma besuchte Frau Arndt am Abend stattfindende Fortbildungskurse, um den Abschluss zur staatlich geprüften Sekretärin zu bekommen. Mit Wirkung zum 1.8.1990 übertrugen wir ihr die Stellung einer Sekretärin in unserer Vertriebsleitung.
Ihr Aufgabengebiet umfasst hier die allgemeinen Sekretariatsaufgaben:

- Postein- und -ausgang
- Führen eines Ablagesystems der Akten
- Pflege der Adressdatenbank der Kunden
- Schriftverkehr nach Diktat oder Stichworten in deutscher und englischer Sprache
- Vorbereitung und Planung von Dienstreisen
- Organisation von Besprechungen, Tagungen und Konferenzen
- telefonische Kundenbetreuung

Weiterhin führt Frau Arndt die Investitionsplanung und Personalstatistik. Sie ist auch für das gesamte Vertragswesen innerhalb der internen und externen Vertriebsorganisation zuständig.

Wir können bestätigen, dass Frau Arndt sich in ihr Arbeitsgebiet schnell und gewissenhaft eingearbeitet hat. Sie zeigte Engagement und war oft bereit, auch zusätzlich anfallende Aufgaben zu übernehmen. Frau Arndt zeichnet sich jederzeit durch eine schnelle Auffassungsgabe und große Sorgfalt und Genauigkeit aus und sie erledigt ihre Aufgaben termingerecht. Hervorzuheben sind auch ihre Ehrlichkeit und Pünktlichkeit.

Wir können zusammenfassend feststellen, dass wir mit der Arbeitsleistung von Frau Arndt in jeder Hinsicht zufrieden sind. Sie erledigt alle ihr übertragenen Aufgaben selbstständig, zuverlässig und schnell.

Durch ihr gutes persönliches Auftreten (auch am Telefon) war sie bei Kunden und Geschäftspartnern sehr geschätzt. Hier wusste sie auch ihre Englischkenntnisse gut einzusetzen.

Dieses Zwischenzeugnis erstellen wir auf Wunsch von Frau Arndt. Wir hoffen auf eine weiterhin gute und vertrauensvolle Zusammenarbeit.

15. Mai 2001
NEUMANN Kosmetikgroßhandel GMBH

Förster

Dr. Erwin Förster
Geschäftsleitung

Kommentar
Hier handelt es sich um ein Zwischenzeugnis, das nicht nur wegen seiner Länge für eine 11-jährige Tätigkeit im gleichen Unternehmen eher unakzeptabel ausfällt. Es enthält zu dem stilistische und formale Mängel, die dringend verbessert werden müssen.

Gleich im ersten Satz sind die Formulierungen »wurde beschäftigt« und »hat sie die Aufgaben einer Sekretärin zu erledigen« zu kritisieren, da der Leser infolge der starken Passivformulierungen auf eine negative Beurteilung schließen könnte. Auch im zweiten Absatz ist der passivische Gebrauch des Verbs im ersten Satz sehr ungünstig. Dies setzt sich im dritten Absatz konsequent fort mit der Formulierung »wir übertrugen ihr die Stellung einer Sekretärin«, das Verb »bekommen« im ersten Satz ist ebenfalls stilistisch unschön.

Die Aufgabenbeschreibung in Form einer Aufzählung ist durchaus üblich, jedoch sollte auf die Reihenfolge der einzelnen Tätigkeiten geachtet werden. Hier stehen leider weniger wichtige Aufgaben an erster Stelle, dabei sollten am Anfang doch immer die wichtigsten und anspruchsvollsten aufgeführt werden.

Die Leistungsbeurteilung spricht nicht alle Bestandteile an. So sollten bei dieser Zeitspanne auch Aussagen über Fachkenntnisse und Weiterbildungsmotivation enthalten sein.

Der Anfang »wir können bestätigen, dass Frau Arndt . . . « ist stilistisch sehr unschön und kann auf eine negative Beurteilung hinweisen. Sehr häufig fehlen die kleinen zeitlichen Füllwörter wie »stets«, »jederzeit« und »immer«; wenn bei der Beschreibung des Engagements das Wort »oft« gebraucht wird, ist dies dagegen keine gute Einschätzung.

Der letzte Satz »Hervorzuheben sind auch ihre Ehrlichkeit und Pünktlichkeit« rundet die negativ wirkende Beschreibung noch ab, denn diese Eigenschaften sollten nur bei Tätigkeiten im Kassenbereich erwähnt werden, sonst können sie als selbstverständlich vorausgesetzt werden.

Die Zeit der Verben wechselt in diesem Absatz, sie sind sowohl im Präsens als auch Präteritum angegeben.

Die zusammenfassende Leistungsbeurteilung beginnt auch mit einem nicht akzeptablen Satz »Wir können zusammenfassend feststellen, dass . . . «, der unbedingt zu ändern ist. Die Beschreibung entspricht auch nicht der allgemein üblichen Formulierung und daher ist die Note nicht eindeutig zu bestimmen.

Die Verhaltensbeurteilung ist sehr individuell und stilistisch durch den Gebrauch der Klammern eher unschön. Es wird auch nichts über das Verhalten zu Vorgesetzten gesagt, und am Schluss fehlen der Dank und beim Datum die Ortsangabe.

Fazit
Ein zu kurzes und stilistisch nicht akzeptables Zeugnis, das dringend zu korrigieren ist, erst dann kann es für die Zukunft der Kandidatin positiv sein.

2. Version

Erlangen, 15. Mai 1998

Zwischenzeugnis

Frau Antonia Arndt, geb. am 18.4.1967 in Peine, trat am 1. Juli 1989 als Stenotypistin in unser Unternehmen ein. Seit 1. August 1990 übernahm sie die Position einer Sekretärin in unserer Vertriebsleitung.

Frau Arndt bearbeitete zunächst in der Vertriebsabteilung die Kundenkorrespondenz, die sie nach Diktat, Stichworten oder auch teilweise selbständig erledigte. Außerdem führte sie unsere Beschaffungs- und Lagerkartei.

Da Frau Arndt auf Dauer eine abwechslungsreichere Tätigkeit anstrebte und sich persönlich fortbilden wollte, erwarb sie durch den Besuch von abends stattfindenden Fortbildungskursen an der Hofmeisterschule in Erlangen den Abschluss zur staatlich geprüften Sekretärin. Wir unterstützten diesen Wunsch und konnten sie innerbetrieblich versetzen. Seit dem 1.8.1990 ist sie als Sekretärin in der Vertriebsleitung tätig.

Ihr Aufgabengebiet umfasst hier die allgemeinen Sekretariatsaufgaben:

- Schriftverkehr nach Diktat oder Stichworten in deutscher und englischer Sprache unter Anwendung des Textverarbeitungssystems WinWord 8.0
- Vorbereitung und Planung von Dienstreisen
- Abrechnung der Reisen mit dem EDV-Programm MS Excel
- Organisation von Besprechungen, Tagungen und Konferenzen
- Terminplanung und -koordinierung für den Vertriebsleiter
- telefonische Kundenbetreuung
- Führen eines Ablagesystems der Akten
- Pflege der Adressdatenbank der Kunden
- Einarbeitung neuer Sekretariatsmitarbeiterinnen
- Postein- und -ausgang

Weiterhin führt Frau Arndt die Investitionsplanung und Personalstatistik. Sie ist auch für das gesamte Vertragswesen innerhalb der internen und externen Vertriebsorganisation zuständig. Zu ihren besonderen Arbeitserfolgen gehört die selbstständige Sachbearbeitung der Preisdokumentation. Frau Arndt versteht es, die Präsentationen sehr kreativ zu gestalten und sie stets durch Statistiken und Grafiken sehr transparent darzustellen.

Frau Arndt hat sich in ihr umfangreiches Arbeitsgebiet außerordentlich schnell und gewissenhaft eingearbeitet. Sie zeigt großes Engagement und ist immer bereit, auch zusätzlich anfallende Aufgaben zu übernehmen. Ihre Arbeitseinteilung ist so gut, dass sie auch in Stresssituationen immer den Überblick behält und gute Arbeitsergebnisse liefert.

Frau Arndt zeichnet sich jederzeit durch eine schnelle Auffassungsgabe und überdurchschnittliche Sorgfalt und Genauigkeit aus. Sie arbeitet außerdem sehr zielstrebig, umsichtig und termingerecht. Außerdem ist sie absolut vertrauenswürdig. Mittlerweile verfügt Frau Arndt über eine sehr breite und beachtliche Berufserfahrung und sie beherrscht ihren Arbeitsbereich stets souverän.

Frau Arndt erfüllt ihre Aufgaben immer zu unserer vollsten Zufriedenheit und ist uns damit eine sehr wertvolle Mitarbeiterin.

Ihr Verhalten gegenüber Vorgesetzten und Kollegen ist stets vorbildlich. Unseren Geschäftspartnern und Kunden gegenüber tritt sie immer höflich, sicher und gewandt auf. Sie verfügt über eine hohe soziale Kompetenz und genießt unser volles Vertrauen.

Dieses Zwischenzeugnis erstellen wir auf Wunsch von Frau Arndt, da ein Wechsel des Vorgesetzten stattgefunden hat.

Wir danken ihr für die bisherige erfolgreiche Mitarbeit und freuen uns auf eine weiterhin gute und vertrauensvolle Zusammenarbeit.

NEUMANN Kosmetikgroßhandel GMBH

Förster

Dr. Erwin Förster
Geschäftsleitung

Kommentar

Nach der Überarbeitung liegt jetzt ein angemessen ausführliches Zeugnis vor.

Das Weiterbildungsinteresse der Kandidatin kommt besser zum Ausdruck, die passivischen Formulierungen sind korrigiert, die Tätigkeitsbeschreibung ist detaillierter und in der Aufzählung werden die wichtigsten Aufgaben zuerst genannt.

Die Beschreibung der Tätigkeiten endet im fünften Absatz mit der Nennung eines besonderen Arbeitserfolgs, der eigentlich in die Leistungsbeurteilung gehört, wenn man sich streng an die Reihenfolge der einzelnen Bestandteile halten will. Da er aber eine zusätzliche Wertschätzung zum Ausdruck bringt, sollte er unbedingt hier oder bei der Leistungsbeurteilung erwähnt werden.

Die Leistungsbeurteilung ist jetzt ausführlicher; bei der Beschreibung wurde auf die kleinen zeitlichen Füllwörter geachtet. Auch die Zeiten der Verben wurden korrigiert.

Die zusammenfassende Leistungsbeurteilung entspricht der üblichen Formulierung und ist von der Note her eindeutig mit sehr gut einzuschätzen.

Ebenso ist die Verhaltensbeurteilung sehr lobend und klar zu erkennen.

Der Ausstellungsgrund wird korrekt genannt und ein Dank sowie die wichtigen Zukunftswünsche werden ausgesprochen. Das Datum enthält jetzt auch die übliche Ortsangabe.

Fazit

Einschätzung: nach der Überarbeitung ein gutes bis sehr gutes Zeugnis, die Leistungen der Kandidatin kommen sehr glaubwürdig zum Ausdruck. Note: 1–2.

1.Version

Leverkusen, 1. September 2003

Zeugnis

Herr Manfred Milinski, geb. am 11.5.1960 in Gotha, trat am 1.7.1997 als Stellvertretender Leiter der Fachabteilung Brandschutz und Öffentliche Sicherheit in das Amt der Stadt Leverkusen ein. Die Vergütung erfolgte nach BAT II.

Seit Beginn seiner Beschäftigung im Bereich Brandschutz und Öffentliche Sicherheit war Herr Milinski teilweise selbstständig und eigenverantwortlich für die Umsetzung der Brandschutzbestimmungen in mittleren und Großbetrieben in der Stadt Leverkusen zuständig. Er sollte insbesondere den Leiter der Fachabteilung Brandschutz unterstützen und zeitweise auch vertreten. Darüber hinaus war er für die Weiterentwicklung des Informations- und Kommunikationswesens im Bereich des Feuer- und Katastrophenschutzes sowie im Rettungsdienst verantwortlich. Auch bei Großschadenslagen und Katastrophen fungierte er als technischer Einsatzleiter. Als unmittelbarer Ansprechpartner für die Leiter der Freiwilligen Feuerwehren hat er sich immer für ein gutes und erfolgreiches Miteinander von Berufs- und Freiwilligen Feuerwehren der Stadt Leverkusen eingesetzt. Außerdem sollte er die Abteilung Einsatz, Ausbildung und Organisation (Berufs- und Freiwillige Feuerwehr) leiten. Ihm wurde außerdem die Mitarbeit in überregionalen Gremien zugewiesen und er sollte die Neu- und Umbaumaßnahmen der Feuerwache und der Gerätehäuser in Leverkusen koordinieren.

Herr Milinski verfügt über umfassende Fachkenntnisse als technischer Einsatzleiter bei Großschadensereignissen und Katastrophen. Entscheidungsfreude gepaart mit Verantwortungsbewusstsein und Umsicht zeichnen ihn aus. Wir möchten besonders seine Fähigkeit hervorheben, bei der Durchführung seiner Aufgaben belastbar und zuverlässig zu reagieren.

Herr Milinski hat seine Position stets zu unserer vollsten Zufriedenheit ausgeübt.

Herr Milinski überzeugte fachlich und persönlich. Dies wurde von seinen Vorgesetzten, Kollegen und Mitarbeitern sehr geschätzt.

Auf eigenen Wunsch beendete Herr Milinski zum 31.8.2003 seine Tätigkeit in unserem Amt. Wir danken für die stets sehr gute Zusammenarbeit und bedauern sehr, Herrn Milinski zu verlieren. Für seine Entscheidung, unser Amt zu verlassen, haben wir aber Verständnis.

Amt für Brandschutz und Öffentliche Sicherheit
der Stadt Leverkusen

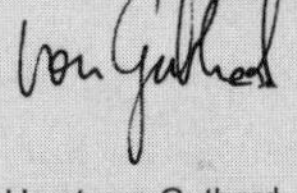

Horst von Guthard
Amtsleiter

Kommentar

Dieses Zeugnis ist für eine 6-jährige Beschäftigung in leitender Position zu kurz und enthält gravierende Mängel: So darf etwa der Verdienst nicht in einem Zeugnis stehen.

Die Tätigkeitsbeschreibung ist zwar umfassend, sollte aber überarbeitet werden, da die Reihenfolge der Aufgabennennungen nicht der Rangfolge der Wertigkeiten entspricht: Die Tatsache, dass er dem Leiter des Amtes unterstand und ihn vertreten musste, sollte an erster Stelle genannt werden. Außerdem enthält sie stilistische Mängel: So ist z. B. die Formulierung »Er sollte insbesondere den Leiter der Fachabteilung Brandschutz unterstützen und zeitweise auch vertreten« sehr unpassend und negativ, denn sie sagt nichts darüber aus, ob und wie er dies ausgeführt hat.

Auch dass er nur »teilweise« selbstständig und eigenverantwortlich für die Umsetzung der Brandschutzbestimmung zuständig war, ist eine nicht zu übersehende Geringschätzung; ebenso wie die Beschreibung »Ihm wurde außerdem die Mitarbeit in überregionalen Gremien zugewiesen und er sollte die Neu- und Umbaumaßnahmen der Feuerwache und der Gerätehäuser in Leverkusen koordinieren« sehr unschön ist, denn aus ihr kann der Leser nicht ersehen, ob er die Mitarbeit wirklich positiv gestaltet hat.

Der Satz »Als unmittelbarer Ansprechpartner für die Leiter der . . . « gehört nicht in die Tätigkeitsbeschreibung sondern in die Leistungsbeurteilung.

Die Leistungsbeurteilung ist viel zu kurz und nicht sehr positiv. Im ersten Satz sollte das Adjektiv »umfassend« durch »fundiert« ersetzt und vielleicht das Füllwort »stets« ergänzt werden; generell fehlen die zeitlichen Füllwörter »stets«, »jederzeit« und »immer«. Auch die Formulierung »Wir möchten besonders seine Fähigkeit hervorheben, bei der Durchführung seiner Aufgaben belastbar und zuverlässig zu reagieren« ist sehr unvorteilhaft, denn der Leser könnte denken, dass der Kandidat außer dieser Fähigkeit keine weiteren vorzuweisen hat. So fehlt auch jegliche Aussage über die Führungsfähigkeit, die bei einer derartigen Position unbedingt genannt werden muss.

Die zusammenfassenden Leistungsbeurteilung zeichnet den Kandidaten zwar mit einem »sehr gut« aus und auch die Verhaltensbeschreibung entspricht einer sehr guten Beurteilung, jedoch kann das nicht die anderen Fehler und Mängel kompensieren.

Dass die Absätze 3-5 jeweils mit »Herr Milinski« anfangen, ist nicht gut.

Der Ausscheidungsgrund wird nicht genannt, was Anlass zu Spekulationen gibt. Bedauern und Dank werden aber ausgesprochen, sie sind sehr wertschätzend, die Zukunftswünsche fehlen jedoch.

Fazit

Ein Zeugnis, das so nicht angenommen werden kann. Note: 4.

2.Version

Leverkusen, 1. September 2003

Zeugnis

Herr Manfred Milinski, geb. am 11.5.1951 in Gotha, trat am 1.7.1992 als Stellvertretender Leiter der Fachabteilung Brandschutz und Öffentliche Sicherheit in das Amt der Stadt Leverkusen ein.

Die Gemeindefeuerwehr der Stadt Leverkusen mit rund 170.000 Einwohnern gliedert sich in die Berufsfeuerwehr (125 Beamte), Freiwillige Feuerwehr (420 Aktive), Jugendfeuerwehr, Musikzug und Altersabteilung.

Herr Milinski war direkt dem Leiter der Fachabteilung unterstellt. Er unterstützte ihn stets sehr erfolgreich und vertrat ihn zeitweise. Zu seinen Aufgaben gehörte die technische Einsatzleitung bei Großschadenslagen und Katastrophen. Ferner leitete er die Abteilung Einsatz, Ausbildung und Organisation (Berufs- und Freiwillige Feuerwehr). Seit Beginn seiner Beschäftigung im Bereich Brandschutz und Öffentliche Sicherheit führte Herr Milinski selbstständig und eigenverantwortlich die Umsetzung der Brandschutzbestimmungen in mittleren und Großbetrieben in der Stadt Leverkusen aus. Darüber hinaus trieb er mit außerordentlichem Engagement die Weiterentwicklung des Informations- und Kommunikationswesens im Bereich des Feuer- und Katastrophenschutzes sowie im Rettungsdienst voran. Ebenso arbeitete er in überregionalen Gremien mit und koordinierte die Neu- und Umbaumaßnahmen der Feuerwache und der Gerätehäuser in Leverkusen.

Bereits nach kurzer Zeit arbeitete sich Herr Milinski dank seiner ausgezeichneten Ausbildung erfolgreich in die schwierigen Aufgaben seines Arbeitsplatzes ein.
Er bewies jederzeit ein großes Maß an Belastbarkeit und Zuverlässigkeit. Außerordentliches Engagement gepaart mit Verantwortungsbewusstsein und Umsicht zeichneten ihn stets bei der Durchführung seiner umfassenden Aufgaben aus.
Herr Milinski verfügt auch über ein umfassendes, fundiertes Fachwissen, das er immer sehr wirksam in seiner Berufspraxis anwendete. Seine Arbeit war stets von ausgezeichneter Qualität.

Unter seiner Mitarbeit ist es gelungen, ein neues, wegweisendes Verfahren der vorbeugenden Brandschutzplanung für Großbetriebe in der Stadt Leverkusen zu installieren. Dieses System ist mittlerweile auch von Brandschutzstellen anderer Städte übernommen worden.

Bei einem Großschadensereignis im letzten Jahr hat Herr Milinski ein äußerst hohes Maß an Stressresistenz und Belastbarkeit bewiesen. Als Einsatzleiter war ihm die Führung von insgesamt sechs Zügen der Berufsfeuerwehr und neun Einheiten der Freiwilligen Feuerwehr unterstellt. Ferner hat er bei diesem Einsatz in vorbildlicher Weise die Koordinierung mit den Beteiligten Rettungskräften von DRK und ASB bewältigt.

Als unmittelbarer Ansprechpartner für die Leiter der Freiwilligen Feuerwehren hat er sich immer für ein gutes und erfolgreiches Miteinander von Berufs- und Freiwilligen Feuerwehren der Stadt Leverkusen eingesetzt. Unter seiner Leitung haben sich Leistung und Teamgeist in seinem Verantwortungsbereich innerhalb sehr kurzer Zeit äußerst positiv entwickelt.

Herr Milinski hat seine Position stets zu unserer vollsten Zufriedenheit ausgeübt.

Er überzeugte fachlich und persönlich. Dies wurde von seinen Vorgesetzten, Kollegen und Mitarbeitern sehr geschätzt.

Auf eigenen Wunsch beendete Herr Milinski zum 31.8.1998 seine Tätigkeit in unserem Amt, um sich beruflich zu verbessern. Wir danken für die stets sehr gute Zusammenarbeit und Erfolge und bedauern sehr, Herrn Milinski zu verlieren.
Für seine Entscheidung, unser Amt zu verlassen, haben wir jedoch auch Verständnis.

Für seinen weiteren beruflichen Werdegang wünschen wir Herrn Milinski alles Gute, viel Glück und Erfolg.

Amt für Brandschutz und Öffentliche Sicherheit
der Stadt Leverkusen

Horst von Guthard
Amtsleiter

Kommentar

Nach der Überarbeitung stimmt das Verhältnis von Länge des Zeugnisses, Dauer der Tätigkeit und Position. Es handelt sich nun um ein sehr gutes, vorbildliches Zeugnis.

Begründung: Der Verdienst ist nicht mehr erwähnt, die Tätigkeitsbeschreibung ist detaillierter und so aufgebaut, dass die wichtigsten Aufgaben zuerst genannt werden; die Verben sind meistens in der Aktivform benutzt.

Die Leistungsbeurteilung fällt jetzt viel ausführlicher aus, alle Aspekte sind berücksichtigt und sie liest sich äußerst lobend und anerkennend, am Schluss werden zudem noch zwei besondere Arbeitserfolge hervorgehoben.

Aussagen über die Führungsfähigkeit werden angesprochen und enthalten viel Lob und Anerkennung.

Abschließend wird der Ausscheidungsgrund deutlich genannt, und Zukunftswünsche wurden ergänzt.

Auch die stilistisch unschönen Absatzanfänge hat man jetzt verändert.

Fazit

Nach der Korrektur ein äußerst gutes und vorbildliches Zeugnis, das Wohlwollen kommt glaubwürdig zum Ausdruck. Sehr hilfreich für den weiteren Berufsweg des Empfängers. Note: 1.

1001 Textbausteine – ein Katalog von Beispielformulierungen

In dem nun folgenden Katalog (Kompendium) von Beispielformulierungen für ein Arbeitszeugnis geht es uns darum, Ihnen übersichtlich zu zeigen, mit welchen Formulierungen welche Bewertung verbunden ist. Dazu haben wir eine Aufteilung in drei Zielgruppen vorgenommen:

1. gewerbliche Arbeitnehmer
2. Angestellte
3. außertarifliche und leitende Angestellte.

Die Beispielformulierungen sind nach dem folgenden Gliederungsschema geordnet, wie es üblicherweise bei Arbeitszeugnissen heutzutage verwendet wird:

Einleitung
Positions-, Aufgaben- und Tätigkeitsbeschreibung
Leistungsbeurteilung
- Arbeitsbereitschaft und -befähigung
- Arbeitsweise
- Arbeitserfolg (Arbeitsmenge, -tempo und -qualität)
- Besondere Arbeitserfolge
- Gegebenenfalls Führungsleistung
- Gegebenenfalls Fachwissen/Weiterbildungsmotivation
- Zusammenfassende Beurteilung der Leistung

Verhaltensbeurteilung
- Verhalten gegenüber Vorgesetzten, Kollegen und Dritten
- Weitere persönliche und soziale Verhaltensaspekte

Abschluss
- Kündigung durch den Arbeitnehmer mit Begründung
- Kündigung durch den Arbeitnehmer ohne Begründung
- Kündigung durch den Arbeitnehmer bei Nichteinhaltung der Kündigungsfrist
- Beendigung des Arbeitsverhältnisses durch Aufhebungsvertrag oder Vergleich
- Betriebsbedingte Kündigung durch den Arbeitgeber
- Andere Formen der Kündigung durch den Arbeitgeber
- Fristlose Kündigung durch den Arbeitgeber
- Beendigung des Arbeitsverhältnisses durch Vertragsablauf

Dankes-Bedauern-Formel
Zukunftswünsche

Bei den großen Abschnitten Leistungs- und Verhaltensbeurteilung sowie bei der Dankes-Bedauerns-Formel und bei den Zukunftswünschen wurde folgendes Benotungsschema zugrundegelegt:

Sehr gute Beurteilung
Noch gute Beurteilung
Knapp befriedigende Beurteilung
Kaum noch ausreichende Beurteilung
Mangelhafte Beurteilung

Ein Exkurs behandelt das Zwischenzeugnis in allen wichtigen Aspekten für die oben aufgeführten drei Zielgruppen.

Mit diesem ausführlichen Zeugnisformulierungskatalog können Sie ein vorliegendes Zeugnis besser einordnen und interpretieren. Er dient aber vor allem als Hilfe bei der Formulierung eines eigenen Zeugnisentwurfes, wobei betont werden muss, dass die einzelnen Formulierungen nicht schematisch aneinander gereiht werden dürfen, sondern im Rahmen einer Gesamtzeugniskonzeption moderat und stilistisch geglückt miteinander verbunden werden müssen, angereichert durch individuelle Erweiterungen bzw. Ergänzungen.

Selbstverständlich sind die Formulierungsbeispiele unter einem Oberthema alternativ zu verstehen, d. h. es ist jeweils nur ein Beispiel zu dem behandelten Thema für den Zeugnisentwurf auszuwählen.

Falls passend, können jedoch Formulierungen aus den unterschiedlichen Zielgruppen 1-3 kombiniert werden.

Sehr gute und noch gute Beurteilungsbeispiele sind ausführlicher berücksichtigt als knapp befriedigende, kaum ausreichende oder gar mangelhafte.

Damit wollen wir der Tatsache Rechnung tragen, dass auf dem Arbeitsmarkt vor allem gute Zeugnisse die Bewerbungschancen verbessern. Befriedigende oder gar schlechtere Benotungen verderben die Chancen. Sehr gute Zeugnisbeurteilungen haben häufig einen Beigeschmack des Übertriebenen, »Geschönten«. Es mag paradox klingen, aber so gesehen sind gute Zeugnisse – weil weniger verdächtig – besser als sehr gute.

Um auf diese Problematik deutlicher hinzuweisen, haben wir ab der »guten« Kategorie die Benotungsstufen pointierter formuliert (»noch gut«, »knapp befriedigend«, »kaum noch ausreichend«).

Die für den Laien nicht immer einsichtige Zuordnung bestimmter Formulierungen zu einzelnen Benotungsstufen orientiert sich an der gängigen Praxis unter Berücksichtigung von Rechtsprechung und Fachliteratur sowie an zahlreichen in unserem *Büro für Berufsstrategie* analysierten Arbeitszeugnissen.

Bei etwa 80 Prozent der Arbeitszeugnisse wird das Präteritum (Vergangenheitsform) verwendet, lediglich bei Zwischenzeugnissen und zur Beschreibung von zeitkonstanten Leistungs- und Verhaltensmerkmalen wird das Präsens (Gegenwartsform) eingesetzt.

Textbausteine für gewerbliche Arbeitnehmer

Einleitung

Herr/Frau (Vorname, Name), geboren am ... in ..., war vom ... in unserer Abteilung (Bezeichnung) als ... (Berufsbezeichnung) tätig.

Herr/Frau (Vorname, Name), geboren am ... in ..., trat am ... als (Berufsbezeichnung) in unser Unternehmen ein.

XY, geboren am ..., wurde am ... als ... eingestellt.

XY war vom ... bis zum ... bei uns im Rahmen eines befristeten Arbeitsverhältnisses als ... beschäftigt.

Positions-, Aufgaben- und Tätigkeitsbeschreibung

XY arbeitete in der Produktionsabteilung ... vorwiegend in dem Bereich ... Zu seinen Aufgaben gehörte ...

XY war in unserem Unternehmen mit unterschiedlichen Aufgaben betraut. Dazu zählten: ... (Aufzählung nach Wichtigkeit).

XYs Aufgabengebiet umfasste in der Hauptsache: ... (Aufzählung).

XY war zunächst in der Abteilung ... als ... tätig. Zu seinen Aufgaben gehörten ... (Aufzählung). Ab dem ... wurde XY auf Grund seiner guten Leistungen und einer erfolgreichen internen Bewerbung in der Abteilung ... als ... eingesetzt. Dort war XY in der Tarifgruppe ... mit der selbstständigen Bearbeitung folgender Aufgaben betraut: ... (Aufzählung).

Leistungsbeurteilung

Übersicht zu den hier beurteilten Merkmalen:
- Arbeitsbereitschaft und -befähigung
- Arbeitsweise
- Arbeitserfolg (Arbeitsmenge, -tempo und -qualität)
- Besondere Arbeitserfolge
- Zusammenfassende Beurteilung der Leistung

Arbeitsbereitschaft und -befähigung

Sehr gute Beurteilung der Arbeitsbereitschaft und -befähigung

XY war stets sehr gut motiviert und verfügte über eine in jeder Hinsicht ausgezeichnete Arbeitsbefähigung.

XY zeichnete sich durch eine sehr hohe Arbeitsmoral aus und war jederzeit bereit und fähig, zusätzliche und auch schwierige Arbeiten zu übernehmen.

XY verfügte jederzeit über eine sehr hohe Arbeitsbereitschaft und vorbildliche Pflichtauffassung. Er war immer ein stark belastbarer und sehr ausdauernder Mitarbeiter.

XY ist jederzeit in der Lage und bereit, vielschichtige und besonders schwierige Tätigkeiten auszuführen.

XY ist sehr stark motiviert.

Noch gute Beurteilung der Arbeitsbereitschaft und -befähigung

XY war stets gut motiviert und verfügt über eine in jeder Hinsicht gute Arbeitsbefähigung.

XY zeichnete sich durch eine hohe Arbeitsmoral/hohes Pflichtbewusstsein aus und war bereit und fähig, zusätzliche und auch schwierige Arbeiten zu übernehmen.

XY verfügte über eine hohe Arbeitsbereitschaft und vorbildliche Pflichtauffassung. Er war immer ein belastbarer und ausdauernder Mitarbeiter.

Nachdem XY an einer Fortbildung über neue Produktionstechniken in der . . . teilgenommen hatte, konnte er die erworbenen Kenntnisse praxisgerecht umsetzen. Der Produktionsprozess wurde dadurch erheblich verbessert. Er/Sie gab seine/ihre Kenntnisse gezielt an seine/ihre Mitarbeiter weiter, die diese neuen Techniken erfolgreich in ihre Arbeit einbauen/anwenden konnten.

Knapp befriedigende Beurteilung der Arbeitsbereitschaft und -befähigung

XY war gut motiviert und verfügt über eine gute Arbeitsbefähigung.

XY zeichnete sich durch eine gute Arbeitsmoral aus und war bereit und in der Lage, zusätzliche Arbeiten zu übernehmen.

XY verfügte über eine gute Arbeitsbereitschaft. Er war ein belastbarer und ausdauernder Mitarbeiter.

XY ist fähig und bereit, auch andere, gleichartige Arbeitsaufgaben zu erfüllen.

XY führte seine Arbeiten pflichtbewusst aus.

Kaum noch ausreichende Beurteilung der Arbeitsbereitschaft und -befähigung
XY zeigte eine zufrieden stellende Arbeitsmotivation und -befähigung.

Auf Anforderung war XY wiederholt bereit, zusätzliche Tätigkeiten zu übernehmen, wobei er sich dem üblichen Arbeitsumfang gewachsen zeigte.

Die Erledigung der notwendigen Aufgaben bereitete XY keinerlei fachliche Schwierigkeiten.

XY ist in der Lage, auf Anforderung gewisse andere, gleichartige Arbeitsaufgaben zu erfüllen.

XY verfügt über gewisse Berufserfahrung im Bereich . . .

Mangelhafte Beurteilung der Arbeitsbereitschaft und -befähigung
Die Arbeitsmotivation und -befähigung von XY war insgesamt zufriedenstellend.

An XYs Arbeitsmoral und -befähigung war kaum etwas auszusetzen.

XY verfügt über gewisse Berufserfahrungen.

Arbeitsweise

Sehr gute Beurteilung der Arbeitsweise
XY arbeitete jederzeit absolut zuverlässig, zielstrebig und zügig. Hervorzuheben ist seine hervorragende Planung von Werkzeug- und Materialbedarf.

XY arbeitete stets sehr effizient, routiniert und zielstrebig. Er dachte jederzeit mit, erledigte Arbeitsvorbereitungsmaßnahmen selbstständig und plante seinen Werkzeug- und Materialbedarf sehr gut.

XYs Umgang mit Betriebsmitteln und Materialien war stets und in jeder Hinsicht vorbildlich.

XY arbeitet stets mit größter Zuverlässigkeit, Zielstrebigkeit und in hohem Arbeitstempo.

XY arbeitet auch unter schwierigen Bedingungen und unter Zeitdruck immer äußerst zuverlässig.

Noch gute Beurteilung der Arbeitsweise
XY arbeitete sehr zuverlässig, zielstrebig und zügig. Hervorzuheben ist seine gute Planung von Werkzeug- und Materialbedarf.

XY arbeitete sehr effizient, routiniert und zielstrebig. Er dachte mit, erledigte Arbeitsvorbereitungsmaßnahmen selbstständig und plante seinen Werkzeug- und Materialbedarf gut.

XYs Umgang mit Betriebsmitteln und Materialien war stets vorbildlich.

XY arbeitet sehr zuverlässig und zügig.
Betriebsmittel und Materialien werden von XY stets sachgemäß und überlegt eingesetzt.

XY hat das richtige Augenmaß für die Setzung von Prioritäten bei seinen Arbeitsaufgaben. Er führt sie sehr zügig und zuverlässig aus und hat Freude an der Arbeit.

Knapp befriedigende Beurteilung der Arbeitsweise
XY arbeitete zuverlässig und zügig.

XY arbeitete effizient und zielstrebig.

XYs Umgang mit Betriebsmitteln und Materialien war überlegt und sachgemäß.

XY setzt (Materialien) sachgemäß und überlegt ein.

XYs sorgfältiger Arbeitsstil stellte uns stets zufrieden.

Kaum noch ausreichende Beurteilung der Arbeitsweise
XY arbeitete ausreichend zuverlässig und zügig.

XYs Arbeit konnte als ausreichend effizient und zielstrebig bezeichnet werden.

XYs Umgang mit Betriebsmitteln und Materialien war akzeptabel.

XY arbeitet stets mit ausreichender Sorgfalt.

XY setzt (Materialien) überlegt ein.

XY führt seine Arbeiten sorgfältig aus.
(Hier fehlt der Hinweis auf die Effizienz.)

Mangelhafte Beurteilung der Arbeitsweise
XY arbeitete im Allgemeinen zuverlässig und zügig.

XY arbeitete in der Regel effizient und zielstrebig.

XYs Umgang mit Betriebsmitteln und Materialien war im Allgemeinen akzeptabel.

XY arbeitet im Allgemeinen zügig und zuverlässig.

XY setzt (Materialien) im Allgemeinen überlegt ein.

XY beachtet im Allgemeinen die Arbeitssicherheitsvorschriften.

Arbeitserfolg (Arbeitsmenge, -tempo und -qualität)

Sehr gute Beurteilung des Arbeitserfolges
XYs Arbeitsergebnisse waren – auch bei wechselnden Anforderungen und in sehr schwierigen Fällen – stets von sehr guter Qualität. Arbeitsmenge und -tempo lagen jederzeit sehr weit über unseren Erwartungen/Anforderungen.

XYs Arbeitsqualität übertraf immer weit die Anforderungen, die an einen qualifizierten Facharbeiter gestellt werden können. Dasselbe galt für Arbeitsmenge und -tempo.

Die Qualität der Arbeit von XY lag immer sehr weit über dem durchschnittlichen Standard seines Teams. Seine Arbeitsproduktivität war stets enorm hoch.

XYs Werkstücke sind stets von sehr guter Qualität.

Die Qualität seiner Arbeit ist immer sehr hoch.

XYs Arbeitsergebnisse erfüllen auch bei wechselnden Anforderungen stets eine sehr gute Qualität.

XYs Arbeitsmenge und -tempo liegen stets sehr weit über den vorgegebenen Normen.

XY unterschreitet die Vorgabezeit immer erheblich und erhält stets Sonderprämien für vorbildliche Arbeitsleistungen.

Noch gute Beurteilung des Arbeitserfolges
XYs Arbeitsergebnisse waren – auch bei wechselnden Anforderungen und in schwierigen Fällen – stets von guter Qualität. Arbeitsmenge und -tempo lagen immer über unseren Anforderungen/Erwartungen.

XYs Arbeitsqualität übertraf weit die Anforderungen, die an einen qualifizierten Facharbeiter gestellt werden können. Dies gilt auch für seine Arbeitsproduktivität.

Die Qualität der Arbeit von XY lag stets deutlich über dem durchschnittlichen Standard seines Teams, ebenso wie Arbeitsmenge und -tempo.

XYs Arbeitsergebnisse sind auch bei wechselnden Anforderungen stets qualitativ gut. Seine Werkstücke sind immer von guter Qualität.

Arbeitsmenge und Arbeitstempo sind stets überdurchschnittlich.

XY ist sehr intensiv bei der Arbeit. Die von ihm bewältigte Arbeitsmenge ist überdurchschnittlich.

Knapp befriedigende Beurteilung des Arbeitserfolges
XYs Arbeitsergebnisse waren von guter Qualität und lagen – was Arbeitsmenge und -tempo anbetrifft – über unseren Erwartungen.

XYs Arbeitsqualität erfüllte voll die Anforderungen, die an einen qualifizierten Facharbeiter gestellt werden können. Dies trifft auch auf Arbeitsmenge und -tempo voll zu.

Die Qualität seiner Arbeit entsprach stets voll dem durchschnittlichen Standard seines Teams. Arbeitsmenge und -tempo waren gut.

XYs Arbeitsergebnisse sind qualitativ gut.

Die Qualität seiner Arbeitsergebnisse ist stets zufriedenstellend.

Die von XY bewältigte Arbeitsmenge und sein Arbeitstempo liegen über unseren Erwartungen.

XY arbeitet stets intensiv.

XY arbeitet stets gleichmäßig.

Kaum noch ausreichende Beurteilung des Arbeitserfolges
XYs Arbeitsergebnisse entsprachen der erforderlichen Mindestqualität. Arbeitsmenge und -tempo entsprachen unseren Erwartungen.

XYs Arbeitsqualität entsprach den Anforderungen, die unverzichtbar gestellt werden müssen, auch hinsichtlich Arbeitsmenge und -tempo.

Die Qualität seiner Arbeit entsprach fast immer dem durchschnittlichen Standard seines Teams. Auch Arbeitsmenge und -tempo waren nicht zu beanstanden.

XYs Arbeitsergebnisse entsprechen dem gesetzten Standard.

XYs bewältigte Arbeitsmenge und das Arbeitstempo entsprechen der Erwartung.

XY arbeitet gleichmäßig.

Mangelhafte Beurteilung des Arbeitserfolges
XYs Arbeitsergebnisse entsprachen im Allgemeinen der erforderlichen Mindestqualität. Dies trifft auch für die Arbeitsmenge und das -tempo zu.

XYs Arbeitsqualität entsprach meistens den Anforderungen, die gestellt werden müssen. *(Weglassen von Arbeitsmenge und -tempo ist auch ein negativer Hinweis.)*

Die Qualität seiner Arbeit erreichte wiederholt den durchschnittlichen Standard seines Teams. Die Arbeitsproduktivität war insgesamt zufriedenstellend.

XYs Arbeitsergebnisse entsprechen im Allgemeinen der erforderlichen Qualität.

XY arbeitet im Allgemeinen gleichmäßig.

Arbeitsmenge und Arbeitstempo genügen in der Regel unseren Erwartungen.

Besondere Arbeitserfolge

XY bestand die Ausbildereignungsprüfung und hat erfolgreich bei der Ausbildung mitgewirkt.

XY setzte seine sehr guten Fachkenntnisse erfolgreich in der Berufsausbildung unserer Auszubildenden ein, bei denen er sehr beliebt ist.

XY übernahm erfolgreich die Abwesenheitsvertretung unseres . . . für den Bereich . . .

Zusammenfassende Beurteilung der Leistung (Zufriedenheitsaussage)

Sehr gute Gesamtbeurteilung der Leistung
Die XY übertragenen Arbeiten erledigte er stets zu unserer vollsten Zufriedenheit.

Seine Leistungen waren stets sehr gut.

XYs Leistungen fanden stets in jeder Hinsicht unsere ausnahmslose Anerkennung.

Noch gute Gesamtbeurteilung der Leistung
Die XY übertragenen Arbeiten erledigte er stets zu unserer vollen Zufriedenheit.

Seine Leistungen waren sehr gut.

Seine Leistungen waren stets gut.

Knapp befriedigende Gesamtbeurteilung der Leistung
Die XY übertragenen Arbeiten erledigte er zu unserer vollen Zufriedenheit.

Seine Leistungen waren gut/stets befriedigend.

Sein Fleiß und seine Leistungen waren stets befriedigend.

Kaum noch ausreichende Gesamtbeurteilung der Leistung
Die XY übertragenen Arbeiten erledigte er zu unserer Zufriedenheit.

Seine Leistungen waren befriedigend.

Sein Fleiß und seine Leistungen waren im Allgemeinen gut.

Mangelhafte Gesamtbeurteilung der Leistung
XY führte die ihm übertragenen Aufgaben mit großem Fleiß und Interesse durch.

XY führte die ihm übertragenen Aufgaben im Allgemeinen zu unserer Zufriedenheit aus.

XY hat unseren Erwartungen im Großen und Ganzen entsprochen, sodass wir mit seiner Arbeit insgesamt zufrieden waren.

XY, so können wir bestätigen, war wirklich mit Interesse bei der Sache.

Verhaltensbeurteilung

Übersicht zu den hier beurteilten Merkmalen:

- Verhalten gegenüber Vorgesetzten, Kollegen und Dritten (Achtung: Reihenfolge kann in besonderen Branchen auch mit Dritten anfangen)
- Weitere persönliche und soziale Verhaltensaspekte

Verhalten gegenüber Vorgesetzten, Kollegen und Dritten

Sehr gute Beurteilung des Verhaltens

XYs Verhalten gegenüber Vorgesetzten und Kollegen war stets einwandfrei/vorbildlich/mustergültig/lobenswert/sehr gut.

XY wurde von Vorgesetzten und Kollegen als fleißiger und freundlicher Mitarbeiter sehr geschätzt.

XY war wegen seines freundlichen und kollegialen Umgangs bei Vorgesetzten und Kollegen gleichermaßen sehr beliebt.

XYs Verbindlichkeit wurde von Vorgesetzten und allen Kollegen sehr geschätzt.

Noch gute Beurteilung des Verhaltens

XYs Verhalten zu Vorgesetzten und Kollegen war einwandfrei/vorbildlich/mustergültig/lobenswert/sehr gut.

Sein kollegiales Wesen machte ihn bei Vorgesetzten und Kollegen beliebt.

XY wurde von Vorgesetzten und Kollegen als fleißiger und freundlicher Mitarbeiter geschätzt.

XY war wegen seines freundlichen und kollegialen Umgangs bei Vorgesetzten und Kollegen gleichermaßen geschätzt.

XYs Verbindlichkeit wurde von Vorgesetzten und allen Kollegen geschätzt.

Knapp befriedigende Beurteilung des Verhaltens

(. . . wird vor allem dadurch deutlich, dass der Vorgesetzte an zweiter Stelle genannt wird)

XYs Verhalten Kollegen und Vorgesetzten gegenüber war einwandfrei/vorbildlich.

XY fügte sich gut in die Betriebsgemeinschaft ein; sein Verhalten gegenüber Vorgesetzten und Kollegen gab zu keinerlei Beanstandungen Anlass/war stets spannungsfrei.

Kaum noch ausreichende Beurteilung des Verhaltens

(. . . wird deutlich, wenn Vorgesetzte oder Kollegen nicht erwähnt werden)

XYs Verhalten gegenüber Kollegen (alternativ: zu Vorgesetzten) war vorbildlich/einwandfrei.

XYs Verhalten gegenüber Kollegen und auch Vorgesetzten war zufriedenstellend.

In seinem Verhalten war XY korrekt.

Mangelhafte Beurteilung des Verhaltens
(. . . wird auch durch fehlende Aussage zum Verhalten ausgedrückt)

XYs persönliches Verhalten war insgesamt einwandfrei/tadellos.

Die Zusammenarbeit mit den Arbeitskollegen verlief meist reibungslos.

XYs Führung in der Dienstzeit gab nur gelegentlich zu Beanstandungen Anlass.

Verhalten gegenüber Dritten (nur bei Berufen, die mit Kunden, Publikum usw. zu tun haben)

Sehr gute Beurteilung des Verhaltens
XY kam mit unseren Kunden stets sehr gut zurecht.

XY wurde wegen seines Engagements und seiner Zuvorkommenheit von unseren Besuchern/Mandanten stets sehr geschätzt.

Noch gute Beurteilung des Verhaltens
XY ist als . . . mit unseren Kunden stets gut zurechtgekommen.

Auf Grund seiner freundlichen und unkomplizierten Wesensart ist/war XY bei unseren Kunden sehr beliebt und geschätzt.

Knapp befriedigende Beurteilung des Verhaltens
Von Besuchern/Mandanten und Anrufern wurde XY wegen seiner Zuvorkommenheit geschätzt.

Kaum noch ausreichende Beurteilung des Verhaltens
XY ist als . . . mit unseren Kunden zurechtgekommen.

Besucher, Anrufer (und . . . /sonstige Personengruppen) haben sich zufrieden stellend über XY geäußert.

Mangelhafte Beurteilung des Verhaltens
XY ist als . . . mit unseren Kunden insgesamt zurechtgekommen.

XY strebte stets ein gutes Verhältnis zu unseren Kunden an.

Weitere persönliche und soziale Verhaltensaspekte

(Diese Beurteilungskategorie wird in vielen Zeugnissen weggelassen. Ein Fehlen darf deshalb keine negativen Rückschlüsse zur Folge haben.)

Sehr gute Beurteilung des Verhaltens

XY fügte sich immer sehr gut in wechselnde Arbeitsteams ein.

XY war stets bereit, seine Kollegen mit seinem sehr guten Fachwissen in schwierigen Fällen zu unterstützen.

Für unsere Auszubildenden war XY immer ein kenntnisreicher Betreuer, der diesen stets mit Rat und Tat zur Seite stand.

Noch gute Beurteilung des Verhaltens

XY fügte sich immer gut in wechselnde Arbeitsteams ein.

XY half gern seinen Kollegen in schwierigen Fällen mit seinem sehr guten Fachwissen aus.

Knapp befriedigende Beurteilung des Verhaltens

XY fügte sich gut in wechselnde Arbeitsteams ein.

XY unterstützte seine Kollegen stets bereitwillig.

Mit XYs Umgangsformen waren wir voll zufrieden.

Kaum noch ausreichende Beurteilung des Verhaltens

XY fügte sich zu unserer Zufriedenheit in wechselnde Arbeitsteams ein.

XYs Umgangsformen waren zufriedenstellend.

Mangelhafte Beurteilung des Verhaltens

XY fügte sich im Großen und Ganzen zufriedenstellend in wechselnde Arbeitsteams ein.

XY war stets bestrebt, seine Kollegen beim Schichtwechsel pünktlich abzulösen.

Weiter geht es mit dem Zeugnisabschnitt Abschluss (s. S. 170).

Textbausteine für Angestellte

Einleitung

Herr/Frau (Vorname, Name), geboren am ... in ..., war vom ... in unserer Abteilung (Bezeichnung) als ... (Berufsbezeichnung) tätig.

Herr/Frau (Vorname, Name), geboren am ... in ..., trat am ... als (Berufsbezeichnung) in unser Unternehmen ein.

XY, geboren am ..., wurde am ... als ... eingestellt.

XY war vom ... bis zum ... bei uns im Rahmen eines befristeten Arbeitsverhältnisses als ... beschäftigt.

Positions-, Aufgaben- und Tätigkeitsbeschreibung

XY arbeitete in der Abteilung ... vorwiegend in dem Bereich ... Zu seinen Aufgaben gehörte ...

XY war in unserem Unternehmen im Bereich ... mit unterschiedlichen Aufgaben betraut. Dazu zählten: ... (Aufzählung nach Wichtigkeit).

XYs Aufgabengebiet umfasste in der Hauptsache: ... (Aufzählung).

Nach erfolgreicher Einarbeitung übernahm XY das Verkaufsgebiet ... zur umsatzverantwortlichen Bearbeitung. Sein Aufgabengebiet umfasste ... Außerdem wirkte er bei den Projekten ... mit.

XY war zunächst in der Abteilung ... als ... tätig. Zu seinen Aufgaben gehörten ... (Aufzählung). Ab dem ... wurde XY auf Grund seiner guten Leistungen und einer erfolgreichen internen Bewerbung in der Abteilung ... als ... eingesetzt. Dort war XY in der Tarifgruppe ... mit der selbstständigen Bearbeitung folgender Aufgaben betraut: ... (Aufzählung).

XY war im Bereich ... für ... tätig. Er besaß Handlungsvollmacht nach § 54 HGB. Seine Aufgabenschwerpunkte lagen in der selbstständigen Bearbeitung von ... (Aufzählung).

Leistungsbeurteilung

Übersicht zu den hier beurteilten Merkmalen:

- Arbeitsbereitschaft
- Arbeitsbefähigung
- Arbeitsweise
- Arbeitserfolg (Arbeitsmenge, -tempo und -qualität)
- Besondere Arbeitserfolge
- Fachwissen/Weiterbildungsmotivation
- Zusammenfassende Beurteilung der Leistung

Arbeitsbereitschaft

Sehr gute Beurteilung der Arbeitsbereitschaft

XY zeigte stets außerordentliche Initiative, großen Fleiß und Eifer.

XY war stets hochmotiviert.

XY hat sich mit großem Engagement und Erfolg in das neue Arbeitsgebiet eingearbeitet.

Schon nach sehr kurzer Einarbeitungszeit arbeitete XY vollkommen selbstständig.

XY war stets ein engagiert arbeitender und fleißiger Mitarbeiter, der auf Grund seines hohen persönlichen Einsatzes einen bedeutenden Beitrag zum Aufbau unseres/des . . . geleistet hat.

Noch gute Beurteilung der Arbeitsbereitschaft

XY zeigte stets Initiative, Fleiß und Eifer.

XY war stark motiviert und verfolgte beharrlich die gesetzten Ziele.

XYs Arbeitsbereitschaft war stets gut.

Schon nach einer kurzen Einarbeitungszeit arbeitete XY vollkommen selbstständig.

XY erfüllt seine Aufgaben mit ausdauerndem Engagement und äußerster Konzentration.

Knapp befriedigende Beurteilung der Arbeitsbereitschaft

XY zeigte Initiative, Fleiß und Eifer.

XY war ein motivierter Mitarbeiter, der die ihm gesetzten Ziele verfolgte.

XYs Arbeitsmotivation/-bereitschaft/Dienstauffassung war gut.

XY hat mit hohem Einsatz einen guten Beitrag zum gemeinsamen Firmenerfolg geleistet.

XY hat sich mit Interesse in sein neues Arbeitsgebiet eingearbeitet. Nach der üblichen Einarbeitungszeit arbeitete er selbstständig.

Kaum noch ausreichende Beurteilung der Arbeitsbereitschaft
XY zeigte Eifer und Fleiß in ausreichendem Maße.

XY war ausreichend motiviert.

XY erfüllte seine Aufgaben erwartungsentsprechend.

XY verfügte über eine ausreichende Arbeitsmotivation/-bereitschaft/-auffassung/Dienstauffassung.

Mangelhafte Beurteilung der Arbeitsbereitschaft
XY zeigte bei Anleitung Eifer und Fleiß.

XY war im Allgemeinen motiviert.

XY erfüllt seine Aufgaben im Allgemeinen erwartungsentsprechend.

XYs Arbeitsaufassung entsprach im Großen und Ganzen den Erwartungen.

Arbeitsbefähigung

Sehr gute Beurteilung der Arbeitsbefähigung
XY bewältigte neue Arbeitssituationen stets sehr gut und sicher.

XY stellte an sich selbst sehr hohe fachliche Anforderungen, die er jederzeit voll erfüllte.

XY war ein ausdauernder und außerordentlich belastbarer Mitarbeiter, der auch unter schwierigen Arbeitsbedingungen alle Aufgaben stets sehr gut bewältigte.

XY verfügt über sehr große Berufserfahrung und beherrscht seinen Arbeitsbereich in jeder Weise umfassend, sicher und vollkommen.

XY arbeitete stets sicher und selbstständig.

XY hat oft neue praktikable Ideen, die er erfolgreich in seine Arbeit integriert.

XY verfügt über ein umfassendes und detailliertes Fachwissen.

XY verfügt über/hat sehr gute, fundierte Kenntnisse, die er erfolgreich einsetzt.

Noch gute Beurteilung der Arbeitsbefähigung
XY bewältigte neue Arbeitssituationen stets gut.

XY stellte an sich selbst hohe Fachanforderungen, die er jederzeit voll erfüllte.

XY war ein ausdauernder und belastbarer Mitarbeiter, der auch unter schwierigen Arbeitsbedingungen alle Aufgaben stets gut bewältigte.

XY hat eine umfassende Berufserfahrung und beherrscht seinen Arbeitsbereich überdurchschnittlich.

XY arbeitet sicher und selbstständig und findet sich in neuen Situationen gut zurecht.

XY setzt seine guten und fundierten Fachkenntnisse sehr erfolgreich ein.

Auf Grund der soliden Fachkenntnisse erzielte XY überdurchschnittliche Erfolge.

Knapp befriedigende Beurteilung der Arbeitsbefähigung
XY bewältigte neue Arbeitssituationen erfolgreich.

XY stellte an sich selbst hohe Fachanforderungen, die er erfüllte.

XY war ein belastbarer Mitarbeiter, der auch unter schwierigen Arbeitsbedingungen Aufgaben gut bewältigte.

XY beherrscht sein Arbeitsgebiet umfassend.

XY verfügt über gute Berufserfahrungen.

XY verfügt über fundierte Fachkenntnisse auf seinem Gebiet.

Kaum noch ausreichende Beurteilung der Arbeitsbefähigung
XY passte sich neuen Arbeitssituationen an.

XY wurde den fachlichen Anforderungen gerecht.

XY kann sich neuen Situationen anpassen und beherrscht seinen Arbeitsbereich entsprechend den Anforderungen.

XY verfügt über erforderliche Fähigkeiten und wurde den Anforderungen des Arbeitsplatzes gerecht.

XY hat ein solides Grundwissen in den Bereichen . . .

Mangelhafte Beurteilung der Arbeitsbefähigung
XY passte sich neuen Arbeitssituationen meist ohne Schwierigkeiten an.

XY kannte die fachlichen Anforderungen seines Arbeitsplatzes.

XY beherrscht den Arbeitsbereich im Allgemeinen den Anforderungen entsprechend.

XY zeigte sich den verschiedenen Belastungen seiner Aufgaben gewachsen und hielt auch unter Termindruck durch.

XY bewältigt neue Arbeitsprobleme meist ohne Schwierigkeiten.

XY hatte Gelegenheit, sich in firmeninternen Schulungen Grundkenntnisse anzueignen.

Arbeitsweise

Sehr gute Beurteilung der Arbeitsweise
XY erledigte seine Aufgaben stets selbstständig mit äußerster Sorgfalt und größter Genauigkeit.

XY arbeitete stets sehr zielstrebig, umsichtig und termingerecht.

XYs Arbeitsweise ist geprägt durch hohe Zielorientierung und Systematik sowie ausgezeichnetes Verantwortungs- und Kostenbewusstsein.

XY zeichnete sich bei der Erledigung aller Aufgaben durch Gewissenhaftigkeit, Genauigkeit und Umsicht aus. Auch in schwierigen Situationen kann man sich sehr gut auf ihn verlassen.

XY war ein äußerst pflichtbewusster, zuverlässiger und verschwiegener Mitarbeiter, der stets sehr konzentriert und zielgerichtet arbeitete.

Noch gute Beurteilung der Arbeitsweise
XY erledigte seine Aufgaben stets selbstständig mit großer Sorgfalt und Genauigkeit.

Wir lernten XY als einen engagierten, aufgeschlossenen Mitarbeiter kennen, der seine Tätigkeiten mit vollem Einsatz erfolgreich ausführte.

XY ist ein engagierter und fleißiger Mitarbeiter, der sich schnell in seine neuen Arbeitsaufgaben einarbeitet und dem Betrieb auf seinem Gebiet wichtige Impulse gegeben hat.

XY zeichnete sich bei der Erledigung seiner Aufgaben durch Gewissenhaftigkeit, Genauigkeit und Umsicht aus. Auch in schwierigen Situationen kann man sich gut auf ihn verlassen.

Knapp befriedigende Beurteilung der Arbeitsweise
XY erledigte seine Aufgaben stets sorgfältig und genau.

Bei der Arbeitsdurchführung war XY jederzeit zügig und termingerecht.

Wir lernten XY als einen verantwortungsbewussten, durchaus selbstständig arbeitenden Mitarbeiter kennen, der die ihm zugeteilten Aufgaben und Arbeiten systematisch ausführte.

XY arbeitete sicher und selbstständig.

Kaum noch ausreichende Beurteilung der Arbeitsweise
XY erledigte seine Arbeit mit Sorgfalt und Genauigkeit.

XY erledigte seine Aufgaben termingerecht, korrekt und zufriedenstellend.

Wir lernten XY als sorgfältigen und genauen Mitarbeiter kennen.

XY zeigte keinerlei Unsicherheiten bei der Ausführung seiner Arbeitsaufgaben.

Mangelhafte Beurteilung der Arbeitsweise
XY erledigte im Allgemeinen die ihm übertragenen Aufgaben sorgfältig und genau.

XY erledigte die ihm aufgetragenen Arbeiten mit der ihm eigenen Sorgfalt.

XY war stets um eine sorgfältige Arbeitsweise bemüht.

XY führte alle ihm übertragenen Routineaufgaben nach Vorgaben selbstständig aus.

Arbeitserfolg (Arbeitsmenge, -tempo und -qualität)

Sehr gute Beurteilung des Arbeitserfolges

XY beeindruckte uns stets durch eine sehr gute Arbeitsqualität, wobei er die selbst gesetzten und vereinbarten Ziele auch unter schwierigsten Bedingungen stets erreichte, meist sogar noch übertroffen hat.

XY war immer ein zuverlässiger, leistungsfähiger Mitarbeiter, der seine umfangreichen Arbeitsaufgaben folgerichtig, zügig und stets sehr gut erledigte.

XY findet stets hervorragende Problemlösungen, die er auch erfolgreich umsetzt.

XYs Arbeitsqualität ist stets weit überdurchschnittlich.

Engagement und Arbeitsergebnisse von XY sind stets außergewöhnlich.

Noch gute Beurteilung des Arbeitserfolges

XYs Arbeitsqualität war stets gut, wobei die vereinbarten Ziele von ihm auch unter schwierigen Bedingungen stets erreicht, oft auch übertroffen wurden.

XY war ein zuverlässiger, leistungsfähiger Mitarbeiter, der seine umfangreichen Arbeitsaufgaben folgerichtig, zügig und sehr gut erledigte.

Die von XY gefundenen Lösungen und Umsetzungen sind sehr gut.

XY ist ein leistungsfähiger, zuverlässiger Mitarbeiter, der seine Aufgaben stets gut erledigt.

XY zeigt stets eine überdurchschnittliche Arbeitsqualität.

Knapp befriedigende Beurteilung des Arbeitserfolges

XYs Arbeitsqualität war gut, wobei er die vereinbarten Ziele erreichte.

XY war ein zuverlässiger Mitarbeiter, der seine umfangreichen Arbeitsaufgaben folgerichtig, zügig und gut erledigte.

XY findet und realisiert gute, kostengünstige Lösungen.

XY arbeitet sorgfältig und genau.

Die Arbeitsqualität von XY ist überdurchschnittlich.

Kaum noch ausreichende Beurteilung des Arbeitserfolges
XYs Arbeitsqualität entsprach den Anforderungen, wobei vorgegebene Ziele in zufrieden stellendem Maße erreicht wurden.

XY war ein Mitarbeiter, der seine Arbeitsaufgaben folgerichtig erledigte.

XYs Arbeitsqualität ist zufriedenstellend.

XYs Arbeitsqualität entspricht den gestellten Erwartungen.

XY arbeitet sorgfältig und genau.

Mangelhafte Beurteilung des Arbeitserfolges
XYs Arbeitsqualität entsprach im Allgemeinen den Anforderungen/Erwartungen, wobei er stets mit Nachdruck daran arbeitete, die vorgegebenen Ziele zu erreichen.

XY war als Mitarbeiter bemüht, seine Arbeitsaufgaben im Allgemeinen folgerichtig auszuführen.

XY arbeitete entsprechend unseren allgemeinen Erwartungen.

XY zeigt im Großen und Ganzen ein zufrieden stellendes Arbeitsergebnis.

XY bemüht sich im Allgemeinen um sorgfältige, genaue Arbeit.

Besondere Arbeitserfolge

In diesem Abschnitt bestehen individuelle inhaltliche Gestaltungsmöglichkeiten. Schwerpunktthemen können in den Bereichen Vertrieb, Marketing und Außendienstaktivitäten liegen, aber auch in der Reorganisation, der Projektarbeit sowie bei Verbesserungsvorschlägen. Weitere besondere Arbeitserfolge sind z. B. aus der Erweiterung von Kompetenzen bzw. der Beförderung abzuleiten.

XY erreichte trotz schwieriger Wirtschaftslage eine sehr hohe Umsatz- und Gewinnsteigerung. Damit gehörte er zu unseren besten Verkäufern.

XY erledigte vertrauliche geschäftliche Sonderaufgaben selbstständig und zügig stets zu unserer vollsten Zufriedenheit.

Hervorzuheben sind XYs schnelle Auffassungsgabe, die sehr selbstständige Arbeitsweise sowie ein überdurchschnittlicher Arbeitseinsatz, mit dem es XY gelang, schwierige Projektierungsaufgaben stets fristgerecht und erfolgreich zu beenden.

Fachwissen/Weiterbildungsmotivation

Sehr gute Beurteilung von Fachwissen/Weiterbildungsmotivation

XY verfügt über eine sehr breite und beachtliche Berufserfahrung und beherrscht seinen Arbeitsbereich stets umfassend, souverän und vollkommen.

XY ist sehr lernmotiviert und hat sich in eigener Initiative neben seinem Beruf mit hohem zeitlichen Engagement und sehr gutem Ergebnis bei . . . weitergebildet.

XY besitzt ein umfassendes, detailliertes und aktuelles Fachwissen im Bereich . . . und wendet die vorhandenen Methoden/Instrumente und Techniken jederzeit sehr wirksam in seiner Berufspraxis an.

Noch gute Beurteilung von Fachwissen/Weiterbildungsmotivation

XY verfügt über eine breite Berufserfahrung und beherrscht seinen Arbeitsbereich umfassend und überdurchschnittlich.

XY ist lernmotiviert und hat sich in eigener Initiative neben seinem Beruf mit hohem zeitlichen Engagement und gutem Ergebnis bei . . . weitergebildet.

XY besitzt ein umfassendes, detailliertes und aktuelles Fachwissen im Bereich . . . und wendet die vorhandenen Methoden/Instrumente und Techniken jederzeit wirksam in seiner Berufspraxis an.

Knapp befriedigende Beurteilung von Fachwissen/Weiterbildungsmotivation

XY beherrschte seinen Arbeitsbereich umfassend.

XY war lernmotiviert und hat sich neben seinem Beruf bei . . . weitergebildet.

XY besitzt Fachwissen im Bereich . . . und kann die vorhandenen Methoden/Instrumente und Techniken wirksam in seiner Berufspraxis anwenden.

XY ist mit der modernen . . . (z. B. Textverarbeitung) vertraut.

XY beherrscht die verkäuferischen Argumentationstechniken voll zufriedenstellend.

XY besitzt ein umfassendes, detailliertes und aktuelles Fachwissen im Bereich . . . und wendet die vorhandenen Methoden/Instrumente und Techniken wirksam in seiner Berufspraxis an.

Kaum noch ausreichende Beurteilung von Fachwissen/Weiterbildungsmotivation

XY beherrschte seinen Arbeitsbereich entsprechend den Anforderungen.

XY verfügt über Kenntnisse der . . .

XY hatte mit der Bearbeitung der Arbeitsaufgaben, die wir ihm übertrugen, auf Grund seiner Kenntnisse weder Probleme noch Schwierigkeiten.

XY nutzte jede sich bietende Gelegenheit, um sich in externen Weiterbildungsveranstaltungen fortzubilden. (Stichwort: flüchtet vor Arbeit)

Mangelhafte Beurteilung von Fachwissen/Weiterbildungsmotivation

XY beherrschte seinen Arbeitsbereich im Allgemeinen entsprechend den Anforderungen.

XY war stets daran interessiert, seine ausbaufähigen Fach- und Grundkenntnisse in seinem Aufgabengebiet einzusetzen.

XY war allem Neuen gegenüber sehr aufgeschlossen.

Zusammenfassende Beurteilung der Leistung (Zufriedenheitsaussage)

Sehr gute Gesamtbeurteilung der Leistungen

XY erfüllte seine Aufgaben stets zu unserer vollsten Zufriedenheit und war uns damit ein sehr wertvoller Mitarbeiter.

XYs Leistungen waren stets/immer/jederzeit sehr gut.

Wir waren stets mit XYs Leistungen in jeder Hinsicht außerordentlich/höchst/äußerst/vorbehaltlos zufrieden. Er war ein sehr guter Mitarbeiter.

Die ihm übertragenen Arbeiten erfüllte er stets zu unserer höchsten Zufriedenheit.

XY hat als hoch qualifizierte Fachkraft im Bereich . . . stets zu unserer vollsten Zufriedenheit gearbeitet.

Seine Leistungen haben uns jederzeit und in jeder Hinsicht voll befriedigt und unsere ganze Anerkennung gefunden.

Noch gute Gesamtbeurteilung der Leistungen

XY erfüllte seine Aufgaben zu unserer vollen Zufriedenheit. Er war für uns ein wertvoller Mitarbeiter.

XY arbeitete selbstständig, zuverlässig und stets zu unserer vollen Zufriedenheit.

XY hat als hoch qualifizierte Fachkraft im Bereich . . . stets zu unserer vollen Zufriedenheit gearbeitet.

XYs Leistungen haben stets unsere volle Anerkennung gefunden. Damit gehörte er zu unseren guten Mitarbeitern.

XY hat als hoch qualifizierte Fachkraft im Bereich . . . stets zu unserer vollsten Zufriedenheit gearbeitet.

Seine Leistungen haben unsere volle Anerkennung gefunden. XY gehörte stets zu unseren guten . . .

Knapp befriedigende Gesamtbeurteilung der Leistungen
XYs Leistungen waren gut.

XYs Leistungen sind voll befriedigend.

Wir waren mit XYs Leistungen jederzeit zufrieden.

XY hat als qualifizierte Fachkraft im Bereich . . . zu unserer vollen Zufriedenheit gearbeitet.

Kaum noch ausreichende Gesamtbeurteilung der Leistungen
XYs Arbeiten waren befriedigend.

XYs hat alle Arbeiten stets ordnungsgemäß erledigt.

XYs Leistungen entsprachen unseren Erwartungen.

XY hat die ihm übertragenen Arbeiten zu unserer Zufriedenheit erledigt.

Mangelhafte Gesamtbeurteilung der Leistungen
XYs Leistungen haben unseren Erwartungen im Allgemeinen entsprochen.

XY führte die ihm übertragenen Aufgaben mit großem Fleiß und Interesse durch.

Insgesamt haben wir keine Bedenken, XYs Leistungen als zufriedenstellend zu bezeichnen.

Verhaltensbeurteilung

Übersicht zu den hier beurteilten Merkmalen:
- Verhalten gegenüber Vorgesetzten, Kollegen und Dritten (Achtung: in einigen Branchen kommen die Dritten an die erste Position)
- Weitere persönliche und soziale Verhaltensaspekte

Verhalten gegenüber Vorgesetzten, Kollegen und Dritten

Sehr gute Beurteilung des Verhaltens

XYs Verhalten gegenüber Vorgesetzten, Kollegen und Kunden (Klienten, Mandanten, Patienten etc.) war stets vorbildlich/einwandfrei. Er trug in starkem Maße zu einem harmonischen Betriebsklima bei.

XYs Zusammenarbeit mit Vorgesetzten und Kollegen war stets sehr gut. Besonders hervorzuheben ist auch seine jederzeit sehr gute Zusammenarbeit mit unseren . . . , auf deren Anliegen er flexibel einging.

XY war wegen seiner freundlichen und zuvorkommenden Art stets sehr geschätzt und beliebt bei seinen Vorgesetzten, Kollegen und . . .

XY war wegen seiner stets verbindlichen, kooperativen und hilfsbereiten Art seinen Vorgesetzten eine äußerst wertvolle Unterstützung und bei den Kollegen immer/jederzeit sehr geschätzt. Auch sein Verhalten gegenüber . . . (z. B. Klienten) war vorbildlich. Im Umgang mit anspruchsvollen und schwierigen . . . bewies er jederzeit Gewandtheit und hervorragendes diplomatisches Geschick.

XY ist ein verantwortungsbewusster und zuverlässiger Mitarbeiter, der zu seinen Vorgesetzten, Kollegen und . . . stets ein sehr gutes Verhältnis hatte.

Noch gute Beurteilung des Verhaltens

XYs Verhalten gegenüber Vorgesetzten, Kollegen und . . . war einwandfrei/vorbildlich. Er trug wesentlich zu einem harmonischen Arbeitsklima bei.

XYs Zusammenarbeit mit Vorgesetzten und Kollegen war stets gut. Besonders hervorzuheben ist auch seine jederzeit gute Zusammenarbeit mit unseren . . . auf deren Anliegen er flexibel einging.

XY wurde in seiner Arbeitsgruppe geschätzt, wobei sein Verhalten gegenüber Vorgesetzten, Kollegen und . . . vorbildlich war.

Auf Grund seiner kooperativen Haltung war XY stets bei Vorgesetzten, Kollegen und ... anerkannt und beliebt.

Knapp befriedigende Beurteilung des Verhaltens

(Durch eine Umstellung der Reihenfolge in den Personengruppen Vorgesetzte, Kollegen usw. wird Kritik am Verhalten zum Ausdruck gebracht, ebenso auch durch die so genannte Negationstechnik, wie z. B. mit der Formulierung »kein Anlass zur Beanstandung/Klage/Tadel« etc.)

XYs Zusammenarbeit mit Vorgesetzten und Kollegen war gut. Hervorzuheben ist auch seine gute Zusammenarbeit mit unseren ...

XYs Verhalten gegenüber Kollegen, Vorgesetzten und ... war gut/vorbildlich/einwandfrei.

XYs Zusammenarbeit mit Kollegen und Vorgesetzten ist als gut/verbindlich/korrekt zu bezeichnen.

XYs Führung war jederzeit tadellos/ohne Beanstandung.

XY ist ein angenehmer Mitarbeiter gewesen, der sich im Kollegenkreis und bei Vorgesetzten allgemeiner Beliebtheit erfreute.

Kaum noch ausreichende Beurteilung des Verhaltens

(Wird deutlich, wenn Vorgesetzte oder Kollegen nicht erwähnt werden – so genannte Leerstellen-Technik).

XYs Verhalten gegenüber Kollegen war vorbildlich/einwandfrei.

XYs Verhalten gegenüber Vorgesetzten und Kollegen war einwandfrei. Mit ... hat er zu unserer Zufriedenheit zusammengearbeitet.

XYs Verhalten gegenüber Vorgesetzten war vorbildlich/einwandfrei.

XYs Zusammenarbeit mit Kollegen und Vorgesetzten war stets befriedigend.

XYs Führung war stets tadellos. Gegenüber Kollegen verhielt er sich immer korrekt.

Mangelhafte Beurteilung des Verhaltens

(Kann auch durch fehlende Aussage zum Sozialverhalten ausgedrückt werden – wieder: so genannte Leerstellentechnik.)

XYs Zusammenarbeit mit Kollegen war insgesamt zufriedenstellend. Dies galt in der Regel auch für den Umgang mit unseren ....

XYs Führung gab uns selten Anlass zu Beanstandungen.

XYs Verhalten gegenüber Vorgesetzten war unbelastet.

XY war stets um ein taktvolles Verhalten bemüht.

Weitere persönliche und soziale Verhaltensaspekte

Sehr gute Beurteilung des Verhaltens

XY fügte sich stets vorbildlich in die unterschiedlichen Arbeitsteams ein und ist mit Mitarbeitern aller Hierarchieebenen jederzeit sehr gut zurechtgekommen.

Mit XYs exzellenten Umgangsformen waren wir stets außerordentlich zufrieden.

Besonders hervorzuheben ist sein außerordentliches pädagogisches Geschick. Unsere Auszubildenden haben jederzeit sehr gerne von ihm gelernt.

Noch gute Beurteilung des Verhaltens

XY fügte sich vorbildlich in die unterschiedlichen Arbeitsteams ein und ist mit Mitarbeitern aller Hierarchieebenen jederzeit gut zurechtgekommen.

Mit XYs guten Umgangsformen waren wir stets voll zufrieden.

XY bearbeitete alle Personalfragen absolut vertraulich und hielt sich jederzeit strikt an die Datenschutzbestimmungen.

Knapp befriedigende Beurteilung des Verhaltens

XY fügte sich gut in die unterschiedlichen Arbeitsteams ein und ist mit Mitarbeitern aller Hierarchieebenen zurechtgekommen.

Mit XYs Umgangsformen waren wir voll zufrieden.

Kaum noch ausreichende Beurteilung des Verhaltens

XY fügte sich zu unserer Zufriedenheit in die unterschiedlichen Arbeitsteams ein.

Mit XYs Umgangsformen waren wir zufrieden.

Wir lernten XY als einen meinungs- und diskussionsfreudigen Mitarbeiter kennen, der Kritik üben, aber auch akzeptieren konnte.

Mangelhafte Beurteilung des Verhaltens
XY fügte sich im Großen und Ganzen zufriedenstellend in die unterschiedlichen Arbeitsteams ein.

Mit XYs Umgangsformen waren wir im Allgemeinen zufrieden.

XY fiel uns besonders auf Grund seiner Pünktlichkeit auf. Der Vollständigkeit halber sei aber auch betont, dass er stets ordentlich und fleißig war. *(Banalitäten werden betont; das Wörtchen »ehrlich« fehlt.)*

Weiter geht es mit dem Zeugnisabschnitt Abschluss (s. S. 170)

Textbausteine für außertarifliche und leitende Angestellte

Einleitung

Herr/Frau (Vorname, Name), geboren am . . . in . . . , war vom . . . in unserer Abteilung (Bezeichnung) als . . . (Berufsbezeichnung) tätig.

Herr/Frau (Vorname, Name), geboren am . . . , war in unserem Unternehmen als leitender Angestellter in der Position des . . . vom . . . bis zum . . . tätig.

Herr/Frau (Vorname, Name), geboren am . . . in . . . , trat am . . . als (Berufsbezeichnung) in unser Unternehmen ein.

XY, geboren am . . . in . . . , war vom . . . bis zum . . . im Rahmen eines außertariflichen Angestelltenverhältnisses in unserem Unternehmen als . . . tätig. Am . . . wurde ihm Einzelprokura/Gesamtprokura (eventuell Handlungsvollmacht, Generalvertretung etc.) erteilt.

XY, geboren am . . . , leitete vom . . . bis zum . . . als alleinvertretungsberechtigter Geschäftsführer unser Unternehmen.

XY, geboren am . . . , wurde am . . . als . . . eingestellt.

XY war vom . . . bis zum . . . bei uns im Rahmen eines befristeten Arbeitsverhältnisses als . . . beschäftigt.

Positions-, Aufgaben- und Tätigkeitsbeschreibung

XYs außertarifliches Aufgabengebiet umfasste die selbstständige Erledigung von ...

Hauptaufgaben in dieser mit großem Gestaltungsspielraum und Eigenverantwortung ausgestatteten Position waren: ...

Der Wirkungs- und Verantwortungsbereich von XY umfasste im Wesentlichen die selbstständige Erledigung folgender Schwerpunktaufgaben: ...

XY leitete die Stabsabteilung ... Zu seinen Aufgaben gehörten insbesondere ... Daneben ergaben sich folgende zusätzliche Schwerpunktaufgaben: ...

Schwerpunkte im Ziel- und Aufgabenspektrum von XY waren: ... Auf Grund seiner besonderen Leistung wurde XY ab dem ... als ... mit der verantwortlichen Leitung unserer ... -Abteilung betraut. Seine Aufgaben waren hier im Wesentlichen: ...

XY arbeitete in der Abteilung ... vorwiegend in dem Bereich ... Zu seinen Aufgaben gehörte ...

XY war in unserem Unternehmen im Bereich ... mit unterschiedlichen Aufgaben betraut. Dazu zählten: ... (Aufzählung nach Wichtigkeit).

Nach erfolgreicher Einarbeitung übernahm XY das Verkaufsgebiet ... zur umsatzverantwortlichen Bearbeitung. Sein Aufgabengebiet umfasste ... Außerdem wirkte er bei den Projekten ... mit.

XY war zunächst in der Abteilung ... als ... tätig. Zu seinen Aufgaben gehörten ... (Aufzählung). Ab dem ... wurde XY auf Grund seiner guten Leistungen und einer erfolgreichen internen Bewerbung in der Abteilung ... als ... eingesetzt. Dort war XY in der Tarifgruppe ... mit der selbstständigen Bearbeitung folgender Aufgaben betraut: ... (Aufzählung).

XY war im Bereich ... für ... tätig. Er besaß Handlungsvollmacht nach § 54 HGB. Seine Aufgabenschwerpunkte lagen in der selbstständigen Bearbeitung von ... (Aufzählung).

Leistungsbeurteilung

Übersicht zu den hier beurteilten Merkmalen:

- Arbeitsbereitschaft
- Arbeitsbefähigung

- Arbeitsweise
- Arbeitserfolg
- Besondere Arbeitserfolge
- Fachwissen/Weiterbildungsmotivation
- Führungsleistung
- Zusammenfassende Beurteilung der Leistung (Zufriedenheit)

Arbeitsbereitschaft

Sehr gute Beurteilung der Arbeitsbereitschaft

Wir schätzen XY als eine dynamische Fach- und Führungspersönlichkeit, die ihren Aufgabenbereich stets mit großem Engagement zielorientiert und ergebnisgerecht geleitet und durch vielfältige Initiativen weiterentwickelt hat.

Stets zeigte XY eine herausragende Einsatzbereitschaft, wobei sein Enthusiasmus und seine optimistische Haltung auch in schwierigen Arbeitssituationen sehr motivierend auf Kollegen und Mitarbeiter wirkten.

XY genießt unser Vertrauen auf Grund seines hohen (z. B. einfügen: juristischen) Könnens und seines ausgeprägten beruflichen Engagements.

XY identifiziert sich sehr stark/absolut mit seinen Arbeitsaufgaben und den Unternehmenszielen.

XYs Arbeitsstil ist durch ausgeprägte Eigeninitiative gekennzeichnet, und er war stets bereit und fähig, neue Vorhaben durch konstruktive Vorschläge entscheidend zu unterstützen und dadurch wesentlich voranzubringen.

Noch gute Beurteilung der Arbeitsbereitschaft

XY ist eine dynamische Fach- und Führungspersönlichkeit, die ihren Aufgabenbereich stets mit großem Engagement zielorientiert geleitet und durch viele Initiativen weiterentwickelt hat.

Stets zeigte XY eine gute Einsatzbereitschaft, wobei seine optimistische Haltung auch in schwierigen Arbeitssituationen sehr motivierend wirkte.

XY führte alle Aufgaben sehr umsichtig aus, auf der Grundlage einer breiten Wissensbasis und stark motiviert.

XYs Leistungen und seine Erfolge basieren auf seinem hohen persönlichen Engagement.

Einsatzbereitschaft und Erfolg kennzeichnen seine engagierte Arbeitshaltung.

Knapp befriedigende Beurteilung der Arbeitsbereitschaft
XY leitet seinen Aufgabenbereich mit Engagement.

XY zeigte eine gute Arbeitsbereitschaft.

XY erarbeitete die Problemlösungen seines Aufgabengebietes zielstrebig.

XY bewältigte seine Aufgaben engagiert und motiviert.

Kaum noch ausreichende Beurteilung der Arbeitsbereitschaft
XY zeigte auch Engagement und Initiative.

XY zeigte auch Einsatzbereitschaft.

XY erledigte seine Aufgaben engagiert.

Mangelhafte Beurteilung der Arbeitsbereitschaft
XYs Tätigkeit erforderte Initiative und Engagement.

XYs Position erfordert ein hohes Maß an Einsatzbereitschaft.

XYs Arbeitsmoral entsprach im Großen und Ganzen unseren Erwartungen.

XYs Aufgabenbereich erforderte zügiges, eigenverantwortliches und zielstrebiges Arbeiten/Entscheiden. *(Hier fehlt der Hinweis auf die erzielten Erfolge.)*

Arbeitsbefähigung

Sehr gute Beurteilung der Arbeitsbefähigung
Die Fach- und Leistungskompetenz von XY war stets und in jeder Hinsicht sehr gut.

XY agierte in neuen geschäftlichen Arbeits- und Belastungssituationen stets sicher, flexibel und sehr gut.

XY bewies ein sehr gutes analytisch-konzeptionelles und zugleich pragmatisches Denk- und Urteilsvermögen.

Die Anforderungen dieser vielseitigen und schwierigen Arbeitsaufgaben erfüllte XY in idealer Weise und war dadurch ein in jeder Hinsicht äußerst fähiger Mitarbeiter.

XY erfüllte die Anforderungen dieses verantwortungsvollen Arbeitsplatzes stets in hervorragender Weise.

XY ist ein besonders fähiger . . . (Berufsbezeichnung) mit exzellentem Fachwissen.

Bereits nach kurzer Zeit arbeitete sich XY dank seiner ausgezeichneten Ausbildung erfolgreich in die schwierigen Aufgaben seines Arbeitsplatzes ein.

Noch gute Beurteilung der Arbeitsbefähigung
Die Fach- und Leistungskompetenz von XY war stets und in jeder Hinsicht gut.

XY agierte in neuen geschäftlichen Arbeits- und Belastungssituationen sicher, flexibel und gut.

XY bewies ein gutes analytisch-konzeptionelles und zugleich pragmatisches Denk- und Urteilsvermögen.

XY zeigte sich den Anforderungen und Belastungen seines Arbeitsbereiches stets gut gewachsen.

XY besitzt eine große Berufs- und Leitungserfahrung.

Auf Grund seiner fundierten Fachkenntnisse und seines Arbeitseinsatzes war XY in der Lage, unserem Unternehmen wiederholt wichtige Impulse zu geben, die zu verbesserten Arbeitsabläufen führten.

Knapp befriedigende Beurteilung der Arbeitsbefähigung
Die Fach- und Leistungskompetenz von XY war gut.

XY passte sich neuen geschäftlichen Situationen erfolgreich an.

XY zeigte sich den Anforderungen und Belastungen seiner Position gut gewachsen.

XY hat immer wieder an verschiedenen internen und externen Fachveranstaltungen zum Themenbereich . . . teilgenommen.

Kaum noch ausreichende Beurteilung der Arbeitsbefähigung
Die Fach- und Leistungskompetenz von XY war zufriedenstellend.

XY passte sich neuen geschäftlichen Situationen ohne Schwierigkeiten an.

XY war den Belastungen seines Aufgabenbereiches gewachsen.

XY hat weitgehend die gebotenen Möglichkeiten genutzt, sich nach der Arbeitszeit fachlich weiterzubilden.

Mangelhafte Beurteilung der Arbeitsbefähigung
Die Fach- und Leistungskompetenz von XY war insgesamt zufriedenstellend.

Neue geschäftliche Situationen erforderten von XY eine reibungslose Anpassung ohne Schwierigkeiten.

Dieser Aufgabenbereich stellt schwierige Anforderungen und bringt hohe Belastungen mit sich.

XY verfügt über ein erweiterungsfähiges Wissen.

Arbeitsweise

Sehr gute Beurteilung der Arbeitsweise
XY bearbeitete und löste alle Problemstellungen seines Aufgabengebietes stets sehr selbstständig, systematisch und sorgfältig.

XY arbeitet selbstständig, zielstrebig und umsichtig und erzielt dabei stets optimale Lösungen.

XY ist ein äußerst engagierter, zuverlässiger und aktiver Mitarbeiter, der sich durch Kreativität und Durchsetzungsvermögen auszeichnet.

XY hat stets unser absolutes Vertrauen genossen und daher Zugang zu allen geschäftspolitischen Daten unseres Unternehmens.

Noch gute Beurteilung der Arbeitsweise
XY bearbeitete und löste alle Problemstellungen seines Aufgabengebietes sehr selbstständig, systematisch und sorgfältig.

XY arbeitet sehr zielstrebig und umsichtig und erzielt dabei stets gute Ergebnisse.

Auf Grund seiner persönlichen und fachlichen Kompetenz, insbesondere den Fähigkeiten auf dem Gebiet . . . konnten wir XY ab . . . in einer Tätigkeit als . . . einsetzen.

Knapp befriedigende Beurteilung der Arbeitsweise
XY bearbeitete und löste die Problemstellungen seines Aufgabengebietes selbstständig, systematisch und sorgfältig.

XY arbeitete zielstrebig und umsichtig und erzielte dabei gute Lösungen.

Wir kennen XY als einen gewissenhaften und selbstständig arbeitenden Mitarbeiter, der systematisch und mit Erfolg seine Arbeitsaufgaben ausführt.

Kaum noch ausreichende Beurteilung der Arbeitsweise
XY bearbeitete die Problemstellungen seines Aufgabengebietes, die wir ihm übertrugen.

XY arbeitet zielstrebig und erreicht praktikable Lösungen.

XY geht oft systematisch an seine Aufgaben heran.

Mangelhafte Beurteilung der Arbeitsweise
XY war es ein besonderes Anliegen, die Problemstellungen seines Aufgabengebietes, die wir ihm zur Lösung übertrugen, sorgfältig und systematisch anzugehen.

XY erfasste schnell und sicher die wesentlichen Aspekte seines Aufgabenbereiches und strebte optimale Lösungen an.

Arbeitserfolg

Sehr gute Beurteilung des Arbeitserfolges
XY arbeitete immer nach klarer, durchdachter, eigener Planung und erzielte stets optimale Arbeitserfolge.

XYs Arbeitsergebnisse erfüllten stets höchste Ansprüche. Sein Erfolg bewies sein unternehmerisches Format.

XY hat die mit seiner Position verbundenen Gestaltungsmöglichkeiten zu unserer absolut vollsten Zufriedenheit kreativ und verantwortungsbewusst genutzt. Immer wieder verstand er es, in seinem Arbeitsgebiet wichtige Impulse zu geben und neue Wege zu beschreiten. Auf diese Weise erzielte er erhebliche wirtschaftliche Erfolge für unser Unternehmen.

Die Arbeit von XY war stets von ausgezeichneter Qualität.

XY erzielte auch bei besonderen und zusätzlichen Arbeitsaufgaben stets sehr gute Ergebnisse.

XY zeigte bei seinen Arbeitsaufgaben sehr hohen persönlichen Einsatz und hervorragende Leistungen, sowohl qualitativ als auch quantitativ.

Noch gute Beurteilung des Arbeitserfolges
XY arbeitete nach klarer, durchdachter, eigener Planung und erzielte stets gute Arbeitserfolge.

XYs Arbeitsergebnisse waren stets von hoher Qualität.

XY hat neue Aufgaben und Probleme frühzeitig erkannt und zielstrebig in Angriff genommen. Dies geschah in Eigeninitiative und auf kooperative und effiziente Weise und führte stets zu guten Lösungen.

Die Arbeit von XY erfüllte stets hohe Ansprüche.

XY erzielt auch bei besonderen und zusätzlichen Arbeitsaufgaben stets gute Ergebnisse.

Knapp befriedigende Beurteilung des Arbeitserfolges
XY arbeitete nach eigener Planung und erzielte gute Arbeitserfolge.

XYs Arbeitsergebnisse erfüllten hohe Ansprüche.

XY hat neue Aufgaben und Probleme erkannt, in Angriff genommen und auf kooperative Weise gelöst.

Die Arbeit von XY war von hoher Qualität.

XY erzielte auch bei Sonderaufgaben gute Lösungen.

Kaum noch ausreichende Beurteilung des Arbeitserfolges
XY arbeitete nach Plan und erreichte praktikable Lösungen.

XYs Arbeitsergebnisse erfüllten stets unsere Ansprüche.

XY hat auch neue Aufgaben und Probleme erkannt.

Die Arbeit von XY ist stets von der erforderlichen Qualität gekennzeichnet.

Mangelhafte Beurteilung des Arbeitserfolges
XY strebte optimale Arbeitserfolge an.

Die Arbeitsqualität von XY erfüllte im Allgemeinen unsere Ansprüche.

XY suchte nach Lösungen für die in seinem Arbeitsbereich auftretenden Probleme.

XY setzte sich für die Belange unseres Unternehmens und die Ausweitung unseres Marktes ein. Immer wieder gelang es ihm, unsere Kunden für unsere Produkte zu interessieren.

Besondere Arbeitserfolge

(nur bei sehr guter bzw. guter Beurteilung)

In diesem Abschnitt bestehen individuelle inhaltliche Gestaltungsmöglichkeiten. Schwerpunktthemen können in den Bereichen Vertrieb, Marketing und Außendienstaktivitäten liegen, aber auch in der Reorganisation der Projektarbeit sowie bei Verbesserungsvorschlägen. Weitere besondere Arbeitserfolge sind z. B. aus der Erweiterung der Kompetenzen bzw. der Beförderung abzuleiten.

XY erzielte durch eine kontinuierliche Optimierung der Arbeitsabläufe eine Kapazitätssteigerung von x %, ohne dass dafür zusätzliche Investitionen notwendig waren.

Wir haben XY wegen seiner sehr guten Leistungen auf dem Gebiet . . . bereits nach kurzer Zeit in die Gruppe der außertariflichen Angestellten übernehmen können.

Wir haben XY auf Grund seiner bisherigen Erfolge mit schwierigen Projekten betrauen können. Er erarbeitete innerhalb kürzester Zeit sehr gute Lösungsvorschläge, die sich dann in der Praxis auch hervorragend bewährten.

XY erstellt des Öfteren schwierige Gutachten. Er hat in Fachkreisen einen Namen als anerkannter Experte.

XY beschäftigte sich laufend mit dem Spezialgebiet X und veröffentlichte dazu diverse stark beachtete Aufsätze in internationalen Fachzeitschriften.

XY hat sehr wesentlich zum internationalen Erfahrungsaustausch unserer Unternehmensgruppe beigetragen.

Fachwissen/Weiterbildungsmotivation

Sehr gute Beurteilung von Fachwissen/Weiterbildungsmotivation

XY verfügt über eine sehr breite und beachtliche Berufs- und Leitungserfahrung. Die Unternehmensleitung konnte sich stets auf seine fundierten fachlichen Urteile und umsichtigen Empfehlungen verlassen.

XY ist hoch weiterbildungsmotiviert und hat sich in eigener Initiative neben seinem starken beruflichen Engagement mit enormem Einsatz und sehr guten Ergebnissen in . . . weitergebildet.

XY besitzt ein umfassendes, detailliertes und aktuelles Fachwissen im Bereich . . . und wendet die vorhandenen Methoden/Instrumente und Techniken jederzeit sehr wirksam in seiner Berufspraxis an.

Noch gute Beurteilung von Fachwissen/Weiterbildungsmotivation
XY verfügt über eine große Berufs- und Leitungserfahrung. Die Unternehmensleitung konnte sich auf seine fundierten Urteile und umsichtigen Empfehlungen verlassen.

XY ist sehr weiterbildungsmotiviert und hat sich in eigener Initiative neben seinem großen beruflichen Engagement mit enormem Einsatz und guten Ergebnissen in . . . weitergebildet.

XY besitzt ein umfassendes, detailliertes und aktuelles Fachwissen im Bereich . . . und wendet die vorhandenen Methoden/Instrumente und Techniken jederzeit wirksam in seiner Berufspraxis an.

Knapp befriedigende Beurteilung von Fachwissen/Weiterbildungsmotivation
XY verfügt über eine große Berufserfahrung. Die Unternehmensleitung hat seine Empfehlungen oft berücksichtigt.

XY ist weiterbildungsmotiviert und hat sich in eigener Initiative neben seinem beruflichen Engagement mit guten Ergebnissen in . . . weitergebildet.

XY beherrschte seinen Arbeitsbereich umfassend.

XY ist auch weiterbildungsmotiviert und hat sich neben seinem Beruf weitergebildet.

XY besitzt Fachwissen im Bereich . . . und kann die vorhandenen Methoden/Instrumente und Techniken wirksam in seiner Berufspraxis anwenden.

Kaum noch ausreichende Beurteilung von Fachwissen/Weiterbildungsmotivation
XY gab der Unternehmensleitung auf Grund seiner Berufserfahrung fachliche Hinweise, die wiederholt berücksichtigt werden konnten.

XY beherrschte seinen Arbeitsbereich entsprechend den Anforderungen.

XY verfügt über Kenntnisse der . . .

XY hatte mit der Bearbeitung der Arbeitsaufgaben, die wir ihm übertrugen, auf Grund seiner Kenntnisse weder Probleme noch Schwierigkeiten.

XY nutzte jede sich bietende Gelegenheit, um sich in externen Weiterbildungsveranstaltungen fortzubilden. (Stichwort: Flucht)

Mangelhafte Beurteilung von Fachwissen/Weiterbildungsmotivation
XY gab der Geschäftsleitung fachliche Hinweise, die im Allgemeinen positiv zur Kenntnis genommen wurden.

XY interessierte sich für Methoden und Instrumentarien moderner . . . -Arbeit.

XY verfügt über ein ausbaufähiges Basiswissen in den Bereichen . . .

XY engagierte sich sehr stark auch in unserem Fachverband, wo er als Fachmann für . . . galt.

Beurteilung von Führungsleistung und -erfolg

Vorab: Charakterisierung der Führungsaufgaben und -umstände:
Das von XY geleitete Team umfasste . . . (Anzahl) Spezialisten aus den Bereichen . . .

XY verfügt über eine langjährige Führungserfahrung mit . . .

XY führte in seinem Bereich . . . (Anzahl) Mitarbeiter.

XY führte eine Anzahl von . . . Mitarbeitern, die im . . . sowie im . . . eingesetzt waren. Er sorgte neben Einstellung und effektiver Einarbeitung erfolgreich für deren ständige Aus- und Weiterbildung und Förderung.

Sehr gute Beurteilung von Führungsleistung und -erfolg
XY motivierte die ihm unterstellten Mitarbeiter durch eine fach- und personenbezogene Führung stets zu sehr guten Leistungen.

XY war als Vorgesetzter anerkannt und beliebt. Sein Verhalten gegenüber seinen Mitarbeitern war immer offen und kollegial, sodass es ihm stets gelang, seine Mitarbeiter auch in schwierigen Situationen zu sehr guten Arbeitsergebnissen zu motivieren.

Die Führung von Mitarbeitern im Bereich . . . stellt hohe Anforderungen an den Vorgesetzten. XY hat alle Disziplinarfragen auf Grund seines Durchsetzungsvermögens stets sehr gut gelöst.

Durch XYs verbindliche, aber bestimmte Art hatte er ein ausgezeichnetes Verhältnis zu seinen Mitabeitern. Dies führte zu einem sehr produktiven Arbeits- und Betriebsklima.

Obwohl XY direkt aus den Reihen seiner ehemaligen Kollegen heraus zu deren neuem Vorgesetzten befördert wurde, meisterte er diese schwierige Führungsaufgabe vorbildlich.

Unter der Leitung von XY haben sich Leistung und Teamgeist in seinem Verantwortungsbereich innerhalb sehr kurzer Zeit äußerst positiv entwickelt.

Noch gute Beurteilung von Führungsleistung und -erfolg
XY motivierte die ihm unterstellten Mitarbeiter durch eine fach- und personenbezogene Führung stets zu guten Leistungen.

XY war sachlich überzeugend und ein verbindlicher Vorgesetzter. Dies machte sich stets in entsprechend guten Ergebnissen seiner Arbeitsgruppe bemerkbar.

Die Führung von Mitarbeitern im Bereich . . . stellt hohe Anforderungen an den Vorgesetzten. XY hat alle Disziplinarfragen auf Grund seines Durchsetzungsvermögens stets gut gelöst.

XY vermittelte seinen Mitarbeitern einen hohen Kenntnisstand und sorgte mit seinem verbindlichen Verhalten für ein gutes Betriebsklima und ausgezeichnete Mitarbeiterleistungen.

Unter der Leitung von XY haben sich Leistung und Teamgeist in seinem Verantwortungsbereich innerhalb kurzer Zeit positiv entwickelt.

Knapp befriedigende Beurteilung von Führungsleistung und -erfolg
XY motivierte die ihm unterstellten Mitarbeiter durch eine fach- und personenbezogene Führung zu guten Leistungen.

XY überzeugte seine Mitarbeiter und koordinierte ihre Zusammenarbeit. Er gab die sachlich notwendigen Informationen stets weiter und förderte die Fortbildung seiner Mitarbeiter.

Die Führung von Mitarbeitern im Bereich . . . stellt hohe Anforderungen an den Vorgesetzten. XY ist bei allen Disziplinarfragen auf Grund seines Durchsetzungsvermögens gut zurechtgekommen.

Als Vorgesetzter zeichnet sich XY durch die notwendige Konsequenz, natürliche Autorität und die organisatorischen Fähigkeiten aus, Mitarbeiter anzuleiten und erfolgreich zu führen.

XY führte seine Mitarbeiter zielbewusst und konsequent zu voll zufrieden stellenden Arbeitsergebnissen. *(Hier fehlt der Hinweis auf die Mitarbeiterzufriedenheit.)*

Kaum noch ausreichende Beurteilung von Führungsleistung und -erfolg
XY motivierte die ihm unterstellten Mitarbeiter zu zufrieden stellenden Leistungen.

XY motivierte die ihm unterstellten Mitarbeiter insgesamt zu zufrieden stellenden Leistungen.

Die Führung von Mitarbeitern im Bereich ... stellt hohe Anforderungen an den Vorgesetzten. XY ist mit den auftretenden Disziplinarproblemen zurechtgekommen.

XY verfügt als ... (z. B. Abteilungsleiter) über eine natürliche Autorität. *(Steht diese Aussage allein, ohne weitere Zusätze, lässt dies auf Führungsmängel schließen.)*

XY leitet seine Mitarbeiter stets zu voll befriedigenden Leistungen an.

XY legte bei den ihm unterstellten Mitarbeitern auf Pünktlichkeit und andere wichtige Arbeitstugenden Wert. *(Unwichtiges wird hervorgehoben.)*

Mangelhafte Beurteilung von Führungsleistung und -erfolg
XY motivierte die ihm unterstellten Mitarbeiter insgesamt zu zufrieden stellenden Leistungen.

XY wird von seinen Mitarbeitern als gerechter und vorbildlicher Vorgesetzter geschätzt. *(Keine Leistungsaussage!)*

Die Führung von Mitarbeitern im Bereich ... stellt hohe Anforderungen an den Vorgesetzten. XY ist mit den regelmäßig auftretenden Disziplinarproblemen im Großen und Ganzen gut zurechtgekommen.

XY koordiniert die Arbeit seiner Untergebenen und gibt stets klare Anweisungen. *(Banalitäten!)*

Zusammenfassende Beurteilung der Leistung (Zufriedenheitsaussage)

Sehr gute Gesamtbeurteilung der Leistungen
XY hat die besonderen Aufgaben seiner Position stets zu unserer vollsten Zufriedenheit erledigt und unseren Anforderungen und Erwartungen in jeder Hinsicht und in allerbester Weise entsprochen.

XY hat ein weitgespanntes Spektrum sehr verschiedenartiger Aufgaben wahrgenommen. Mit seinen sehr guten Leistungen und Erfolgen waren wir stets außerordentlich zufrieden.

XY hat seine Position stets zu unserer vollsten Zufriedenheit ausgeübt.

XY hat seine Aufgaben stets zu unserer vollsten Zufriedenheit erfüllt.

Die Leistungen von XY verdienen in jeder Hinsicht unsere vollste Anerkennung.

Wir waren mit den Leistungen von XY stets außerordentlich zufrieden.

Noch gute Gesamtbeurteilung der Leistungen

XY hat die besonderen Aufgaben seiner Position stets zu unserer vollen Zufriedenheit erledigt und unseren Anforderungen und Erwartungen in jeder Hinsicht gut entsprochen.

XY hat ein weitgespanntes Spektrum sehr verschiedenartiger Aufgaben wahrgenommen. Mit seinen guten Leistungen und Erfolgen waren wir stets voll zufrieden.

XY hat seine Position stets zu unserer vollen Zufriedenheit ausgeübt.

XY hat seine Aufgaben stets zu unserer vollen Zufriedenheit erfüllt.

Die Leistungen von XY verdienen in jeder Hinsicht unsere ganze Anerkennung.

Wir waren mit den Leistungen von XY stets sehr zufrieden.

Knapp befriedigende Gesamtbeurteilung der Leistungen

XY hat die Aufgaben seiner Position zu unserer vollen Zufriedenheit erledigt.

XY hat ein weitgespanntes Spektrum sehr verschiedenartiger Aufgaben wahrgenommen. Mit seinen Leistungen waren wir voll zufrieden.

XY hat seine Position zu unserer vollen Zufriedenheit ausgeübt.

XY hat seine Aufgaben zu unserer vollen Zufriedenheit erfüllt.

Die Leistungen von XY verdienen unsere ganze Anerkennung.

Wir waren mit den Leistungen von XY sehr zufrieden.

Kaum noch ausreichende Gesamtbeurteilung der Leistungen

XY hat die Aufgaben seiner Position zu unserer Zufriedenheit wahrgenommen.

XY hat verschiedenartige Aufgaben wahrgenommen. Mit seinen Leistungen waren wir zufrieden.

XY hat seine Position zu unserer Zufriedenheit ausgeübt.

XY hat seine Aufgaben zu unserer Zufriedenheit erfüllt.

Die Leistungen von XY verdienen unsere Anerkennung.

Wir waren mit den Leistungen von XY zufrieden.

Mangelhafte Gesamtbeurteilung der Leistungen
XY hat die Aufgaben seiner Position im Großen und Ganzen zu unserer Zufriedenheit wahrgenommen.

Insgesamt können wir sagen, dass XY seine Position und Aufgaben zu unserer Zufriedenheit gelöst hat.

XY hat insgesamt seinen Verantwortungsbereich zu unserer Zufriedenheit geleitet.

XY kümmerte sich stets mit viel Mühe, Anstrengung und Fleiß um die Leistung seiner Mitarbeiter.

Verhaltensbeurteilung

Übersicht zu den hier beurteilten Merkmalen:

- Verhalten gegenüber Vorgesetzten, Kollegen und Mitarbeitern
- Verhalten gegenüber Dritten (bisweilen auch an erster Position)
- Weitere persönliche und soziale Verhaltensaspekte

Verhalten gegenüber Vorgesetzten, Kollegen und Mitarbeitern

Sehr gute Beurteilung des Verhaltens
Wegen seiner aktiven und kooperativen Wesensart war XY stets beim Vorstand, Kollegen und den Mitarbeitern gleichermaßen sehr anerkannt und beliebt.

XY überzeugte fachlich und persönlich. Dies wurde von seinen Vorgesetzten, Kollegen und Mitarbeitern sehr geschätzt.

XYs Verhalten gegenüber der Unternehmensleitung, seine Integration im Kollegium und sein offener Zugang zu den Mitarbeitern waren stets vorbildlich.

XYs Kooperation mit Vorgesetzten, Kollegen und Mitarbeitern war stets sehr gut.

XYs Verhalten gegenüber Vorgesetzten, Kollegen und Mitarbeitern war stets einwandfrei. *(Bei leitenden Angestellten eigentlich zu knapp formuliert.)*

Noch gute Beurteilung des Verhaltens
Wegen seiner aktiven und kooperativen Wesensart war XY beim Vorstand, den Kollegen und den Mitarbeitern gleichermaßen sehr anerkannt und geschätzt.

XY konnte fachlich und persönlich überzeugen und erwarb sich Anerkennung und Wertschätzung seiner Vorgesetzten, Kollegen und Mitarbeiter.

XYs Verhalten gegenüber der Unternehmensleitung, seine Integration im Kollegium und sein offener Zugang zu den Mitarbeitern waren vorbildlich.

XYs Kooperation mit Vorgesetzten, Kollegen und Mitarbeitern war stets gut.

XYs Verhalten gegenüber Vorgesetzten, Kollegen und Mitarbeitern war einwandfrei.

Knapp befriedigende Beurteilung des Verhaltens
(Durch eine Umstellung der Reihenfolge in den Personengruppen Vorgesetzte, Kollegen und Mitarbeiter wird in dieser und den folgenden Beurteilungen Kritik zum Ausdruck gebracht, ebenso auch mit Hilfe der so genannten Negationstechnik, wie z. B. in der Formulierung »kein Anlass zur Beanstandung/Klage/Tadel« etc.)

Wegen seiner aktiven und kooperativen Wesensart wurde XY von Mitarbeitern, Kollegen und Vorstandsmitgliedern gleichermaßen geschätzt und anerkannt.

XY konnte fachlich und persönlich überzeugen und erwarb sich die Anerkennung seiner Vorgesetzten und Mitarbeiter. *(Kollegen werden nicht erwähnt!)*

XYs Kooperation mit Vorgesetzten, Kollegen und Mitarbeitern war gut.

XYs Verhalten gegenüber Kollegen, Mitarbeitern und Vorgesetzten war einwandfrei.

Auf Grund seiner untadeligen Persönlichkeit und seiner unbestrittenen Kooperationsbereitschaft war XY allseits anerkannt und beliebt.

Kaum noch ausreichende Beurteilung des Verhaltens
(Wird auch deutlich, wenn Vorgesetzte oder Kollegen nicht erwähnt werden – so genannte Leerstellen-Technik.)

Wegen seiner aktiven und kooperativen Wesensart wurde XY von allen Mitarbeitern geschätzt und anerkannt.

XY konnte fachlich und persönlich überzeugen und erwarb sich allseits deutliche Anerkennung.

XYs Kooperation mit Vorgesetzten, Kollegen und Mitarbeitern war zufriedenstellend.

XYs Verhalten war korrekt.

XYs Verhalten gegenüber Mitarbeitern war zufriedenstellend.

XYs Verhalten gegenüber Vorgesetzten war höflich und distanziert.

Auf Grund seiner untadeligen Persönlichkeit und seiner unbestrittenen Kooperationsbereitschaft war XY allseits beliebt.

Mangelhafte Beurteilung des Verhaltens
(Kann auch durch fehlende Aussage zum Sozialverhalten ausgedrückt werden – wieder: so genannte Leerstellentechnik.)

XY verhielt sich gegenüber Mitarbeitern und auch seinen Vorgesetzten immer freundlich und korrekt.

XYs Zusammenarbeit mit Mitarbeitern und Vorgesetzten war insgesamt zufriedenstellend.

XYs Kooperation mit Kollegen, Mitarbeitern und Vorgesetzten war insgesamt zufriedenstellend.

XY bemühte sich um eine gute Zusammenarbeit mit allen.

Verhalten gegenüber Dritten
(Auf diese Beurteilungskategorie wird häufig verzichtet. Ihr Fehlen weist also nicht auf Mängel im Verhalten gegenüber Dritten hin.
Achtung neu: Bei Banken und Versicherungen stehen die Dritten – oftmals Kunden – an erster Position.)

Sehr gute Beurteilung des Verhaltens
XYs Auftreten gegenüber unseren . . . (z. B. Geschäftspartnern) war stets vorbildlich.

Die Zusammenarbeit mit unseren ... (z. B. Kunden) war wegen seiner guten Kontaktfähigkeit immer äußerst positiv und erfolgreich.

Auch von unseren ... (z. B. Geschäftspartnern) wurde XY stets außerordentlich geschätzt.

In unseren Kontakten zu ... erwies sich XY stets als umsichtiger Gesprächs- und Verhandlungspartner.

Noch gute Beurteilung des Verhaltens
XYs Auftreten gegenüber unseren ... (z. B. Geschäftspartnern) war vorbildlich.

Die Zusammenarbeit mit unseren ... (z. B. Kunden) war wegen seiner guten Kontaktfähigkeit sehr positiv und erfolgreich.

Auch von unseren ... (z. B. Geschäftspartnern) wurde XY stets sehr geschätzt.

In unseren Kontakten zu ... erwies sich XY als umsichtiger Gesprächs- und Verhandlungspartner.

Knapp befriedigende Beurteilung des Verhaltens
XYs Auftreten gegenüber unseren ... (z. B. Geschäftspartnern) war gut.

Die Zusammenarbeit mit unseren ... (z. B. Kunden) war wegen seiner Kontaktfähigkeit positiv und erfolgreich.

Auch von unseren ... (z. B. Geschäftspartnern) wurde XY geschätzt.

Kaum noch ausreichende Beurteilung des Verhaltens
XYs Auftreten gegenüber unseren ... (z. B. Geschäftspartnern) war nicht zu beanstanden.

Die Zusammenarbeit mit unseren ... (z. B. Kunden) gestaltete sich positiv und auch durchaus erfolgreich.

Auch von unseren ... (z. B. Geschäftspartnern) wurde XY durchaus geschätzt.

Mangelhafte Beurteilung des Verhaltens
XY bemühte sich stets um ein höfliches und überzeugendes Auftreten gegenüber unseren ...

XY verhielt sich gegenüber ... immer freundlich und korrekt.

XYs Zusammenarbeit mit . . . war insgesamt zufriedenstellend.

XY bemühte sich um eine gute Zusammenarbeit mit allen . . .

Weitere persönliche und soziale Verhaltensaspekte

(Auf diese Kategorie wird häufig in Zeugnissen verzichtet. Aus ihrem Fehlen ist keine Kritik am Verhalten abzuleiten.)

Sehr gute Beurteilung des Verhaltens

Besonders hervorzuheben ist XYs absolute Integrität und seine hoch ausgeprägte Überzeugungs- und Durchsetzungsfähigkeit.

Auf Grund seiner Persönlichkeit genoss XY in jeder Hinsicht voll und ganz unser Vertrauen.

XY besitzt großes persönliches Geschick.

Besonders hervorzuheben ist bei XY seine Fähigkeit, bei diffizilen Entscheidungen den Konsens zu suchen und zu finden.

Noch gute Beurteilung des Verhaltens

Hervorzuheben ist XYs Integrität und seine ausgeprägte Überzeugungs- und Durchsetzungsfähigkeit.

Wir schätzten an XY, dass für ihn die Interessen des Unternehmens höchste Priorität hatten.

XY besitzt persönliches Geschick.

Knapp befriedigende Beurteilung des Verhaltens

Erwähnenswert ist XYs Überzeugungs- und Durchsetzungsfähigkeit.

Die Interessen des Unternehmens hatten bei XY hohe Priorität.

Als . . . bewies XY Geschick im Umgang mit Mitarbeitern aus verschiedenen Arbeitsbereichen.

Kaum noch ausreichende Beurteilung des Verhaltens

Erwähnenswert ist auch XYs Überzeugungs- und Durchsetzungsbereitschaft.

XY räumte den Interessen des Unternehmens wenn notwendig Priorität ein.

XY fügte sich zu unserer Zufriedenheit in verschiedene Projekt- und Arbeitsgruppen ein.

Mangelhafte Beurteilung des Verhaltens
Erwähnenswert ist, dass diese Position Überzeugungs- und Durchsetzungsfähigkeit erfordert.

Bis zur Beendigung des Arbeitsverhältnisses waren wir stets von der Zuverlässigkeit XYs überzeugt.

Erwähnenswert ist auch XYs sehr zurückhaltendes und bescheidenes Auftreten.

Textbausteine für den Zeugnisabschluss

Der nun folgende letzte Abschnitt des Arbeitszeugnisses ist für die drei Gruppen gewerbliche Arbeitnehmer, Angestellte und leitende bzw. außertarifliche Angestellte gleich.
Im Wesentlichen geht es beim Abschluss des Zeugnisses um folgende Inhalte und Aspekte:

- Kündigung durch den Arbeitnehmer (mit und ohne Begründung)
- Kündigung durch den Arbeitnehmer bei Nichteinhaltung der Kündigungsfrist
- Beendigung des Arbeitsverhältnisses durch Aufhebungsvertrag oder Vergleich
- Kündigung durch den Arbeitgeber
  - betriebsbedingt
  - andere Formeln
  - fristlose Kündigung
- Beendigung des Arbeitsverhältnisses durch Vertragsablauf (Befristung)
- Dankes-Bedauern-Formel
- Zukunftswünsche

Formulierung der Kündigung

Kündigung durch den Arbeitnehmer (mit Begründung)

XY verlässt unser Unternehmen am heutigen Tag, um sich beruflich zu verändern.

XY verlässt uns auf eigenen Wunsch, um sich neuen beruflichen Aufgaben zu stellen.

XY scheidet auf eigenen Wunsch aus, um sich beruflich zu verbessern.

XY verlässt uns, um in einem anderen Unternehmen eine weiterführende Aufgabe zu übernehmen.

XY verlässt uns auf eigenen Wunsch, um ... Er hatte das Arbeitsverhältnis fristgemäß zum ... gekündigt. Auf Grund der Tatsache, dass sein neuer Arbeitgeber ihn bat, möglichst frühzeitig in das neue Unternehmen zu wechseln, waren wir trotz gewisser Überbrückungsschwierigkeiten für uns auf Grund des sehr guten wechselseitigen Verhältnisses und in bester Absicht für XY mit einem vorzeitigen Wechsel einverstanden.

Zum ... hat XY das mit uns bestehende Arbeitsverhältnis fristgemäß gekündigt, um ... (z. B. ein Studium aufzunehmen, sich selbstständig zu machen/einen durch Berufswechsel des Ehepartners bedingten Ortswechsel mit zu vollziehen etc.).

XY hat das Beschäftigungsverhältnis fristgemäß auf eigenen Wunsch gelöst, um sich mit Ablauf des Erziehungsurlaubes ganz der Familie zu widmen.

XY verlässt uns auf eigenen Wunsch, um ... (z. B. sich finanziell zu verbessern/beruflich weiterzukommen/neue Aufstiegschancen wahrzunehmen, die wir ihm nicht bieten konnten). *(Eher negativ wirkende Formulierung.)*

Kündigung durch den Arbeitnehmer (ohne Begründung)

XY scheidet auf eigenen Wunsch aus unserem Unternehmen aus.

Auf eigenen Wunsch beendete XY zum ... seine Tätigkeit bei uns.

XY trennt sich zum ... von unserer Firma aus eigenem Entschluss.
(Die Formulierung »trennt sich« und »Entschluss« können eine vom Arbeitgeber geforderte bzw. erbetene Eigenkündigung andeuten.)

XY verlässt unsere Firma zum ... *(Auf wessen/eigenen Wunsch??)*

Kündigung durch den Arbeitnehmer bei Nichteinhaltung der Kündigungsfrist

XY beendete auf eigenen Wunsch das Arbeitsverhältnis zum ... (so genanntes »krummes« Datum, s. S. 48).

Um in einem anderen Unternehmen seinen Berufsweg fortzusetzen, verließ uns XY vorzeitig am ... (»krummes« Datum).

XY schied zum ... (»krummes« Datum) auf eigenen Wunsch aus unserem Unternehmen aus, um sich umgehend einer neuen Arbeitsaufgabe stellen zu können.

Beendigung des Arbeitsverhältnisses durch Aufhebungsvertrag oder Vergleich

Am ... endet das Arbeitsverhältnis im gegenseitigen Einvernehmen.

Das Arbeitsverhältnis endet mit Datum vom ... in beiderseitigem bestem Einvernehmen.

Auf Wunsch von Herrn X endet das Arbeitsverhältnis in beiderseitigem guten Einvernehmen am ...

Das Ausscheiden von XY erfolgte in beiderseitigem guten Einvernehmen am ...

Das Arbeitsverhältnis endet zum ... durch einvernehmliche Trennung. *(Deutet Probleme an/Trennung = Initiative des Arbeitgebers.)*

Betriebsbedingte Kündigung durch den Arbeitgeber

Zu unserem Bedauern musste das Arbeitsverhältnis mit Herrn X fristgemäß und betriebsbedingt gekündigt werden.

Das Ausscheiden von XY erfolgte betriebsbedingt unter Einhaltung sozialer Auswahlkriterien.

Nach erfolgter Umstrukturierung unseres ... -Bereiches konnten wir XY keinen neuen Arbeitsplatz in unserem Unternehmen anbieten und mussten daher leider das Arbeitsverhältnis betriebsbedingt beenden.

Andere Formen der Kündigung durch den Arbeitgeber

Das Arbeitsverhältnis endete zum ...

Die Auflösung des Arbeitsverhältnisses erfolgte zum ...

Das Arbeitsverhältnis endet mit Ablauf des Monats ... innerhalb der Probezeit. Wir bedauern, dass es nicht zu einer Festanstellung gekommen ist.

Fristlose Kündigung durch den Arbeitgeber

Vorzeitig/ungeplant/unwiderruflich/kurzfristig mussten wir uns am ... von XY trennen.

Das Arbeitsverhältnis endet aus besonderen Gründen.

Bedauerlicherweise sahen wir uns gezwungen, zum ... (»krummes« Datum) das Arbeitsverhältnis zu beenden.

Beendigung des Arbeitsverhältnisses durch Vertragsablauf (Befristung)

Mit Ablauf der vereinbarten Zeit beenden wir das befristete Arbeitsverhältnis mit XY .

Zu unserem großen Bedauern können wir XY z. Z. keine Dauerbeschäftigung bieten, sodass das Arbeitsverhältnis mit Ablauf der vereinbarten befristeten Zeitspanne zum ... endet.

Dankes-Bedauern-Formel (im Endzeugnis)

Sehr gute Dankes-Bedauern-Formel

Wir bedauern, in Herrn XY eine ausgezeichnete Fach-/Führungskraft zu verlieren, und danken ihm für die stets vorbildliche Leistung/Leitung im Bereich ...

Wir danken für die stets sehr gute Zusammenarbeit und bedauern sehr, XY zu verlieren. Für seine Entscheidung, unser Unternehmen zu verlassen, haben wir aber Verständnis.

Mit Bedauern über sein Ausscheiden danken wir XY für seine stets sehr guten Leistungen.

Für die langjährige ergebnisreiche und wertvolle Zusammenarbeit sind wir XY zu Dank verpflichtet. Wir bedauern es außerordentlich, diesen ausgezeichneten Mitarbeiter zu verlieren.

Wir danken XY für die stets hervorragende Zusammenarbeit. Wir verlieren mit ihm einen erfahrenen Spezialisten, verstehen aber, dass er im Rahmen seiner beruflichen Entwicklung die ihm gebotene Chance wahrnehmen möchte.

Noch gute Dankes-Bedauern-Formel

Wir bedauern, in Herrn XY eine gute Fach-/Führungskraft zu verlieren, und danken ihm für die stets gute Leistung/Leitung im Bereich ...

Wir danken für die stets gute Zusammenarbeit und bedauern sehr, XY zu verlieren. Für seine Entscheidung, unser Unternehmen zu verlassen, haben wir aber Verständnis.

Mit Bedauern über sein Ausscheiden danken wir XY für seine stets guten Leistungen.

Für die langjährige, erfolgreiche Zusammenarbeit sind wir XY zu Dank verpflichtet. Wir bedauern es außerordentlich, diesen guten Mitarbeiter zu verlieren.

Wir wissen um die besonderen Verdienste, die sich XY im Bereich . . . für unser Unternehmen erworben hat. In dankbarer Anerkennung seiner Leistungen bedauern wir seine Entscheidung, unser Haus zu verlassen.

Knapp befriedigende Dankes-Bedauern-Formel
Wir bedauern, in Herrn XY eine gute Fach-/Führungskraft zu verlieren, und danken ihm für die gute Leistung/Leitung im Bereich . . .

Wir danken für die gute Zusammenarbeit und bedauern, XY zu verlieren. Für seine Entscheidung, unser Unternehmen zu verlassen, haben wir aber Verständnis.

Mit Bedauern über sein Ausscheiden danken wir XY für seine guten Leistungen.

Für die langjährige Zusammenarbeit sind wir XY dankbar. Wir bedauern, diesen Mitarbeiter zu verlieren.

Kaum noch ausreichende Dankes-Bedauern-Formel
Für die Leistung/Leitung im Bereich . . . bedanken wir uns.

Wir bedanken uns für die gute Zusammenarbeit.

Wir anerkennen die Leistungen von Herrn XY.

Mangelhafte Dankes-Bedauern-Formel
(Eine mangelhafte Beurteilung kann auch durch das Weglassen der Dankes-Bedauern-Formel ausgedrückt werden.)

Wir bedanken uns für das gezeigte Interesse, ebenso wie für die Zusammenarbeit.

An dieser Stelle sagen wir Dank.

Wir bedauern, auf die weitere Zusammenarbeit mit XY verzichten zu müssen.

Zukunftswünsche

(Fehlende Zukunftswünsche können auf erhebliche Differenzen hinweisen.)

Sehr gute Zukunftswünsche

Wir wünschen XY auf seinem weiteren Berufs- und Lebensweg alles Gute und weiterhin viel Erfolg.

Wir wünschen diesem vorbildlichen Mitarbeiter beruflich und persönlich alles Gute und weiterhin viel Erfolg.

Für seinen weiteren beruflichen Werdegang wünschen wir XY alles Gute, viel Glück und Erfolg.

Noch gute Zukunftswünsche

Wir wünschen XY auf seinem weiteren Berufs- und Lebensweg alles Gute.

Wir wünschen diesem vorbildlichen Mitarbeiter beruflich und persönlich alles Gute.

Knapp befriedigende Zukunftswünsche

Wir wünschen XY für seine weitere Arbeit/weitere Tätigkeit alles Gute.

Kaum noch ausreichende Zukunftswünsche

Wir wünschen XY alles Gute.

Wir wünschen alles Gute.

Wir wünschen XY für die Zukunft das Allerbeste.

Mangelhafte Zukunftswünsche

Wir wünschen XY auf seinem weiteren Berufs- und Lebensweg außerhalb unserer Firma alles Gute.

Wir wünschen XY alles Gute und für die Zukunft auch Erfolg.

Wir wünschen XY, dass er in seinem neuen Arbeitsgebiet seine Leistungsfähigkeit voll entfalten kann.

Unsere besten Wünsche begleiten ihn.

Wir wünschen diesem anspruchsvollen und kritischen Mitarbeiter für die Zukunft alles Gute.

Für die Zukunft wünschen wir XY alles nur erdenklich Gute.

Anhang: Das Zwischenzeugnis

Beim Zwischenzeugnis, das sich in den ersten vier Abschnitten (Einleitung, Aufgaben, Leistungs- und Verhaltensbeurteilung) genauso wie das qualifizierte Abschlusszeugnis gestaltet, sind im letzten Zeugnisabschnitt die folgenden Aspekte zu berücksichtigen:

- Begründung für das Zwischenzeugnis
  - feststehendes Arbeitsvertragsende
  - mögliches Arbeitsvertragsende
  - Versetzung oder Veränderung im Arbeitsverhältnis
  - Vorgesetztenwechsel
  - Unterbrechung des Arbeitsverhältnisses
  - Eigentümerwechsel/Rechtsformänderung
  - sonstige Gründe
- Dankes-Formel im Zwischenzeugnis
- Zukunftswünsche

Begründungen für ein Zwischenzeugnis

Feststehendes Arbeitsvertragsende

Da XY das Arbeitsverhältnis zum ... auf eigenen Wunsch beenden wird, erbat er dieses vorläufige Zeugnis.

XY erhält dieses vorläufige Zeugnis, weil das Arbeitsverhältnis am ... im besten Einvernehmen beendet wird.

Wunschgemäß stellen wir XY dieses vorläufige Zeugnis aus, da das befristete Arbeitsverhältnis mit Datum vom ... enden wird.

Mögliches Arbeitsvertragsende

Da in unserem Unternehmen seit längerer Zeit Kurzarbeit geleistet wird, erbat XY dieses Zwischenzeugnis. Das Arbeitsverhältnis ist ungekündigt.

Anlässlich der Eröffnung des Vergleichsverfahrens/Konkursverfahrens erhält XY dieses Zwischenzeugnis. Das Arbeitsverhältnis ist ungekündigt.

Versetzung oder Veränderung im Arbeitsverhältnis

Wunschgemäß stellen wir XY dieses Zwischenzeugnis anlässlich der Beendigung seiner . . .-Ausbildung aus. Das Arbeitsverhältnis ist ungekündigt.

Zum . . . übernimmt XY auf Grund seiner erfolgreichen internen Stellenbewerbung die Arbeitsaufgabe . . . Dieses Zeugnis wird ihm anlässlich der Beendigung seiner bisherigen Tätigkeit ausgestellt.

Vorgesetztenwechsel

Wunschgemäß erhält XY dieses Zwischenzeugnis, da sein langjähriger Vorgesetzter aus unserem Unternehmen ausscheidet.

Auf Grund des Vorgesetztenwechsels wird XY dieses Zwischenzeugnis ausgestellt.

Unterbrechung des Arbeitsverhältnisses

Anlässlich des Beginns des Erziehungsurlaubes stellen wir XY dieses Zwischenzeugnis aus.

XY erbat dieses Zwischenzeugnis auf Grund seiner Einberufung zum Wehrdienst.

Eigentümerwechsel/Rechtsformänderung

XY erhält dieses Zeugnis anlässlich eines grundlegenden Gesellschafterwechsels/anlässlich einer Änderung unserer Rechtsform von . . . in . . .

Sonstige Gründe

XY bat uns um dieses Zwischenzeugnis zur Vorlage bei . . .

Dieses Zwischenzeugnis wurde auf Wunsch von XY erstellt. Das Beschäftigungsverhältnis ist ungekündigt.

Auf Grund der Freistellung für die Betriebsratsarbeit erhält XY dieses Zwischenzeugnis.

Dankes-Formel im Zwischenzeugnis

Sehr gute Formel
Wir danken XY für seine stets sehr guten Leistungen und hoffen auch weiterhin auf eine gute Zusammenarbeit.

Noch gute Formel
Wir danken XY für seine stets guten Leistungen und hoffen auch weiterhin auf eine gute Zusammenarbeit.

Knapp befriedigende Formel
Wir danken XY für seine gute Leistung.

Kaum noch ausreichende Formel
Wir bedanken uns bei XY für seine Mitarbeit.

Mangelhafte Formel
Wir bedanken uns bei XY für sein Interesse.

Zukunftswünsche

(Zukunftswünsche werden im Zwischenzeugnis seltener zum Ausdruck gebracht, z. T. sind sie bereits in der Dankes-Formel enthalten. Ein Fehlen kann nicht unbedingt negative Rückschlüsse zulassen. In einem guten Zwischenzeugnis sollten sie jedoch Eingang finden.)

Wir wünschen uns auch für die Zukunft eine ebenso gute/erfolgreiche gemeinsame Arbeit.

Wir freuen uns auf eine weiterhin gute/erfolgreiche Zusammenarbeit mit XY.

In der Hoffnung auf weiterhin gute Zusammenarbeit wünschen wir XY in unserem Unternehmen/in seinem beruflichen Werdegang alles Gute/viel Erfolg.

Was Sie noch wissen sollten …

Das Autorenteam Hesse/Schrader ist seit über 15 Jahren auf dem Sektor der Bewerbungsratgeber sowie zu weiteren Themen aus der Arbeitswelt publizistisch tätig und hat im Laufe dieser Zeit mehr als 100 Bücher veröffentlicht. Am Anfang stand die erstmalige Veröffentlichung aller gängigen sogenannter Intelligenztests und deren kritische Reflexion in dem Buch *Testtraining für Ausbildungsplatzsuchende* (1985). Ebenfalls Neuland zum Bereich »Überleben in der Arbeitswelt« erschloss ihr Buch *Die Neurosen der Chefs – die seelischen Kosten der Karriere.*

Von besonderem Interesse für den Leser dieses Buches dürfte die Reihe *Die perfekte Bewerbungsmappe* sein: Bücher im DIN-A4-Format, die Bewerbungsunterlagen erfolgreicher Kandidaten originalgetreu präsentieren.

Auch die Bücher *Jobsuchstrategien, Marketing in eigener Sache und Small Talk* behandeln Themen, die Bewerbungsvorhaben innovativ unterstützen. Weitere sehr hilfreichen Bücher sind *Optimale Bewerbungsunterlagen: Strategien für die Karriere,* oder *Das erfolgreiche Vorstellungsgespräch.*

Beide Autoren verfügen über eine langjährige Erfahrung als Seminarleiter bei Bewerbungstrainings. Ein besonderes Interesse gilt der gewerkschaftlichen Bildungsarbeit in Form von Anti-Mobbing- und Konfliktmanagement-Seminaren.

1992 gründeten sie in Berlin das *Büro für Berufsstrategie*, das ausschließlich Arbeitnehmer in allen erdenklichen beruflichen Fragen berät und unterstützt. Mehr als 15 Jahre Buchpublikationen und etwa 10 Jahre tagtägliche Beratungsarbeit mit Kandidatinnen und Kandidaten, die das *Büro für Berufsstrategie* in Berlin, seit 2000 auch in anderen Städten Deutschlands, aufsuchen, zeichnen die Autoren als kompetent und praxiserfahren aus.

Die Lage am Arbeitsmarkt ist nicht ganz einfach. Ihr neuer Job fällt nicht vom Himmel. Bei allen Anpassungsleistungen und Bemühungen, einen Arbeitsplatzanbieter überzeugen zu wollen, möchten wir hier doch auf unser Motto hinweisen:

Wir sind nicht auf der Welt,
um so zu sein, wie andere uns haben wollen.

Anmerkungen

1 Hess. LAG vom 17.6.1998 –14 Sa 1157/98 sowie ArbG Darmstadt, Urteil vom 22.12.2000 – 3Ca 444/00
2 Weuster, A., Scheer, B.: *Arbeitszeugnisse in Textbausteinen*. Stuttgart usw. 1995, S. 103. Im weiteren Verlauf dieses Kapitels folgen wir außerdem den juristischen Darstellungen von Nasemann, A.: *Arbeitszeugnisse durchschauen und interpretieren.* Niedernhausen 1993, und Schulz, G.-R.: *Alles über Arbeitszeugnisse.* München 1995, S. 118f.
3 *Statistisches Jahrbuch für die Bundesrepublik Deutschland* 1980, 2000.
4 zitiert nach Schulz (siehe Anmerkung 2), S. 119.
5 vgl. Nasemann (siehe Anmerkung 2), S. 98.
6 Schulz (siehe Anmerkung 2), S. 135.
7 zitiert nach Schulz (siehe Anmerkung 2), S. 142.

Stichwortverzeichnis